# 美育书简

[德] 席勒 著　　徐恒醇 译

## 四十周年纪念版

ÜBER DIE ÄSTHETISCHE
ERZIEHUNG DES MENSCHEN
IN EINER REIHE VON BRIEFEN

中国文联出版社

## 图书在版编目（CIP）数据

美育书简 /（德）席勒著；徐恒醇译. -- 北京：中国文联出版社，2024. 10. -- ISBN 978-7-5190-5670-4

Ⅰ. G40-014

中国国家版本馆 CIP 数据核字第 2024NH8534 号

著　　者　［德］席勒
译　　者　徐恒醇
责任编辑　张凯默
责任校对　秀点校对
封面设计　鲁明静

出版发行　中国文联出版社有限公司
社　　址　北京市朝阳区农展馆南里 10 号　　邮编　100125
电　　话　010-85923025（发行部）　010-85923091（总编室）
经　　销　全国新华书店等
印　　刷　廊坊佰利得印刷有限公司

开　　本　880 毫米 × 1230 毫米　　1/32
印　　张　9
字　　数　143 千字
版　　次　2024 年 10 月第 1 版第 1 次印刷
定　　价　39.00 元

版权所有·侵权必究
如有印装质量问题，请与本社发行部联系调换

# 美学译文丛书序[1]

## 李泽厚

1980年6月全国第一次美学会议简报说："中国社会科学院哲学所李泽厚同志在发言中强调指出：现在有许多爱好美学的青年人耗费了大量的精力和时间苦思冥想，创造庞大的体系，可是连基本的美学知识也没有。因此他们的体系或文章经常是空中楼阁，缺乏学术价值。这不能怪他们，因为他们不了解国外研究成果和水平。这种情况也表

---

[1] 《美育书简》是李泽厚先生主编的"美学译文丛书"之一，原文是丛书总序，载于《美育书简》中国文联出版公司1984年版。鉴于本书为四十周年纪念版，特此保留总序，纪念四十年前的"美学热"，回应四十年后的"美育热"，以飨读者。

现在目前的形象思维等问题的讨论上。科学的发展必须吸收前人和当代的研究成果，不能闭门造车。目前应该组织力量尽快地将国外美学著作翻译过来。我认为这对于彻底改善我们目前的美学研究状况具有重要的意义。有价值的翻译工作比缺乏学术价值的文章用处大得多。我对于研究生就是这样要求的，要求他们深入研究、批判现代美学某家某派，而不要去写那种空洞的讨论文章。"

这确乎是我对当前也只是当前中国美学情况的基本看法之一，得到了与会同志和部分出版社的热情支持后，便筹备出一套以整本著作为主的"美学译文丛书"（单篇文章已有《美学译文》刊物），以近代现代外国美学为主，只要是有学术参考价值的，便都拿来，尽量翻译，书前加一批判性的介绍序文，消化和批判主要仍交给读者们自己去作。我想，博采众家之长，不拒一得之见，批判改造对方，以丰富和发展自己，是符合马克思主义的基本精神的。所译的书尽量争取或名著或名家，或当年或今日具有影响的著作。译文则因老师宿儒不多，大都出自中、青年之手，而校阅力量有限，错译误解之处可能不少。但我想，值此所谓"美学热"，大家极需书籍的时期，许多人不能读外文书刊，或缺少外文书籍，与其十年磨一剑，慢腾腾地搞出一两个完美定本，倒不如放手先翻译，几年内多出一些书。所以，一方面应该提倡字斟句酌，力求信、达、雅，另方面又不求全责备，更不吹毛求疵。总之，有胜于无，逐步提高和改善。

愿我们这个美学翻译事业兴旺发达。同志们，大家都来帮忙吧！

1980年12月于北京

目 录

初版译者前言 / 001
　　——席勒《美育书简》及
　　马克思对它的扬弃 / 001

第一封信 / 040

第二封信 / 044

第三封信 / 048

第四封信 / 054

第五封信 / 060

第六封信 / 066

第七封信 / 078

第八封信 / 082

第九封信 / 088

第十封信 / 096

第十一封信 / 104

第十二封信 / 110

第十三封信 / 116

第十四封信 / 124

第十五封信 / 130

第十六封信 / 138

第十七封信 / 144

第十八封信 / 150

第十九封信 / 156

第二十封信 / 164

第二十一封信 / 170

第二十二封信 / 176

第二十三封信 / 184

第二十四封信 / 192

第二十五封信 / 202

第二十六封信 / 210

第二十七封信 / 220

〔附录〕论美书简
　　——致克尔纳论美的信 / 234

1793 年 1 月 25 日 / 234

1793 年 2 月 18 日 / 237

1793 年 2 月 23 日 / 242

1793 年 2 月 28 日 / 268

再版后记 / 278

# 初版译者前言
## ——席勒《美育书简》及马克思对它的扬弃

席勒《美育书简》在德国古典美学中占有独特的地位。它不仅是第一部美育的宣言书,而且还是一本对美的本质特征作了深入哲学探讨的难能可贵的著作。但是,由于它的开创性质和理论上的不成熟,造成某些思想概念的含混不清,表述也不免晦涩难懂。从而在对这一著作的认识上引起了极大的分歧。从这一著作问世到目前为止的近二百年中,它的影响一直很大。尽管在观点上认识是不同的,但对它的影响和重要性的肯定却是一致的。我们从黑格尔到马克思的美学思想中都可以发现这本著作的思想痕迹。因此,不论研究美育学说发展史,还是探讨马克思美学思想的发展,都不可避免地要涉及这一著作。本文对这一著作的思想背景、哲学基础、有关美育和美的本质规律的观点以及如何受到马克思的扬弃试作初步的分析。

## 席勒的时代及其思想发展道路

18世纪的德国，与英法等国相比，还是一个政治经济比较落后的国家。封建割据造成政治上四分五裂，封建主义生产关系仍占统治地位。到处关卡林立，没有统一的货币和度量衡，没有统一的市场，主要是为各地王公贵族需要服务的地方经济。农民大部分处于封建农奴地位，毫无自由。这一状况严重地阻碍着资本主义在德国的发展。正如恩格斯所说："这个时代在政治和社会方面是可耻的，但是在德国文学方面却是伟大的。1750年左右，德国所有的伟大思想家——诗人歌德和席勒、哲学家康德和费希特都诞生了……这个时代的每一部杰作都渗透了反抗当时整个德国社会的叛逆的精神。"[1]

约翰·克里斯托夫·弗里德里希·席勒于1759年11

---

[1] 恩格斯：《德国状况》，见《马克思恩格斯全集》第2卷，人民出版社，1957年，第634页。

月10日生于符腾堡涅卡河畔的马尔巴赫。其父约翰·卡斯巴·席勒没有受过很高教育,在卡尔·欧伊根公爵的军队中做随军医生兼军需供应人员,曾经走遍欧洲大陆,有着丰富的阅历。母亲是一个贫穷面包师的女儿。他们的家庭经济生活比较困苦。

1766年席勒一家迁至路易堡。由此,席勒开始去拉丁文学校学习。以后根据卡尔公爵的意旨,席勒进了斯图加特的卡尔军事学院。在学院中,他受到卢梭等法国资产阶级启蒙思想的影响,在他的心中点燃了追求自由、平等和人权的革命火种。他十分喜爱莎士比亚的剧本以及克罗普斯托克、莱辛和歌德的作品。1775年席勒由法律改学医学,同时勤奋地学习了心理学、美学、人类史、道德史、逻辑学以及形而上学和哲学史。在他的老师阿尔贝那里,席勒受到了莱布尼茨理性主义和英国哲学家夏夫兹博里唯物主义倾向的影响。[1]夏夫兹博里的伦理观是以美学观为基础的,他看出了美与善的密切联系,从而肯定了美的社会性。这对席勒后来美学思想的发展有着积极的影响。

1779年秋,席勒完成了毕业论文《生理学哲学》。由

---

[1] 阿布什:《席勒》,柏林建设出版社,1980年,第30页。

于他不受拘束的写作方式和对某些权威的蔑视而未获通过。第二年，他重又提出了《论人的动物性和精神性的关系》一文。该文指出，人的精神是与人躯体的物质结合在一起的，并且是与物质活动相联系着。他还试图由人的基本物质需要去解释社会发展和文化艺术的产生。作为21岁的医学毕业生，虽然他还不能完全摆脱他的先辈唯心主义——宗教的束缚，但已经对人的生命有了唯物主义的认识并闪现出唯物主义历史观的萌芽。

1781年席勒发表了第一个剧本《强盗》，这是他对封建专制的德国社会的挑战。剧中发出了"德国应该成为一个共和国"的呼声。在剧本的第二版上印上了"反对独裁者"的字样。鉴于席勒的革命影响，在推翻路易十六以后的法国国民大会（1792年8月26日）曾经通过法案授予席勒等人以法兰西共和国荣誉公民的称号。他的剧本《强盗》以及诗歌《卢梭》等成了冲击专制王国巴士底狱的精神风暴。接着席勒又发表了《阴谋与爱情》（1783），它是狂飙突进运动的重要成果，恩格斯认为"它是德国第一部有政治倾向的戏剧"[1]。

---

1 恩格斯：《恩格斯致明娜·考茨基》，见《马克思恩格斯书信选集》，人民出版社，1962年，第435页。

1788年席勒完成了《尼德兰独立史》。次年，由歌德等人推荐到耶拿大学担任了编外历史教授，1791年底由丹麦诗人巴格森动议[1]，丹麦亲王奥古斯登堡的克里斯谦公爵向席勒提供了为期三年的资助，从而使席勒暂时摆脱了贫病交加的境地。在此期间，席勒悉心研究了康德哲学，并发表了历史名著《三十年战争史》。此后的三四年间，席勒完成了他的主要美学著作：《论美书简》、《论激情》、《论秀美与尊严》、《美育书简》、《论崇高》和《论素朴诗和感伤诗》等。席勒在卡尔军事学院多年与世隔绝的生活，养成了他爱抽象思维的精神倾向。他的思路清晰，见地深刻。以至于他的友人语言学家洪堡尔特有一次对他说："没有人能说清楚，你究竟是个做哲学思考的诗人，还是写诗的哲学家。"[2]

"德国的哲学是德国历史在观念上的继续。"[3]正是在法国大革命轰轰烈烈的年代，席勒却"逃向康德的理想"，这

---

[1] 这里有一段插曲。巴格森是席勒思想的追随者，1790年曾在席勒家中作客。1791年席勒大病时，国外谣传席勒已死，巴格森和克里斯谦等曾举行了席勒纪念会。后悉席勒未死，只是为糊口而不得不拼命写作，故提供了资助。见阿布什《席勒》，第173页。——译者注
[2] 斯奈尔：《美育书简·英译本序》，见席勒《美育书简》，伦敦，1954年，第7页。
[3] 马克思：《〈黑格尔法哲学批判〉导言》，见《马克思恩格斯全集》第1卷，人民出版社，1956年，第7页。

绝不是偶然的。当时德国经济的落后和政治的分裂状态，使德国资产阶级不能像法国资产阶级那样，成为统一的、能与封建贵族抗衡的阶级力量。这就造成当时德国思想家们政治上的软弱和妥协的一面。他们的革命往往只停留在观念上，只是一种理论，甚至只是一种理想。当法国大革命进入雅各宾专政，路易十六被送上断头台时，席勒对法国革命感到不满和失望。他写信给克尔纳（1793年2月8日）说："我两周以来都不再读法国的报纸，这种不幸的虐杀使我感到厌恶。"[1]他的这一思想危机从写作《唐·卡罗斯》时就已经开始，他不相信在德国已经具有革命的实际可能性，正如该剧主人公波萨所说："这个时代对我的理想来说还不成熟。"（第三幕第十场）他的人道主义理想在康德的影响下，完全离开了现实的斗争。"海涅以惊人的洞察力指出，在德国，由于一开头就缺乏实际行动的可能，所以出现了一个升华的过程：没有见诸行动的社会积极性，把它的光芒折射到幻想上面，折射到由音乐、书本和绘画所表现的艺术形象上面，由各种思想原则构成的精巧花纹上面去了。"[2]

---

1　阿布什：《席勒》，柏林建设出版社，1980年，第183页。
2　卢那察尔斯基：《论文学》，人民文学出版社，1978年，第564页。

《美育书简》正是这一时期的产物。康德在哲学上的批判精神,他对本体与现象,感性、知性与理性三个范畴的区分以及把美与心理功能的自由活动和道德观念的联系,都成为席勒美学的出发点。席勒明白无误地确认这一点。他说:"我对您毫不隐讳,下述命题绝大部分是基于康德的基本原则。"[1]但是,他并不囿于康德的观点,总是力图克服康德的二元论和缺乏现实性的道德哲学。从1793年5月至次年7月,作为对他生活资助的酬谢,席勒将这些信简寄给克里斯谦公爵。此信最初只流传于哥本哈根宫廷中,1794年因火灾原稿被焚(保留了复制件)。由于这一著作的重要性,席勒又重写了全部书简,篇幅几乎加长一倍,并分期发表在他主编的刊物《季节女神》上(原信只相当现在书简的第1—11、24—27封,中间部分是后来重写时加进的)。

1795年以后是席勒与歌德正式订交、密切合作的十年。在他们相互切磋和鼓励下,席勒完成了大量诗歌和剧本创作。由于疾病的长期折磨,1805年5月9日席勒与世长辞。

---

[1] 席勒:《美育书简》,见《论艺术与现实》,第1封信,莱比锡,1975年,第264页。(以下引文,只注信的封次)

## 《美育书简》的哲学基础

康德美学是从他自己的哲学体系出发的，他把人的心理功能按照古希腊传统分为知、情、意三部分，认为人与此相应也具有三种认识能力，即知性、判断力和理性。康德认为趣味判断就是审美的，在趣味判断里经常含有与知性的联系，所以可用认识论中知性的四项范畴（量、质、关系、模态）来考察审美判断力，进行美的分析。他首先把审美的快感与功利的（感官的、道德的）快感作了区分，提出无功利性，从而与经验主义美学把美等同于愉快区别了开来；并认为审美判断具有主观的普遍性，判断在先情感在后；他否定审美在客观上的合目的性，而认为是一种主观的合目的性形式；审美的必然性是一种没有概念的共通感。康德虽然从先验论的角度，指出了主体在审美心理上的特征并预见了人的主体能动性，但他割裂了主体与对象的联系，用目的论来沟通认识论和伦理学，把审美单纯看作主观的先验综合判断，从而使他的理论带有浓厚的主观唯心主义二元论色彩。

席勒美学是从康德哲学出发的，但席勒对康德哲学存在许多异议。首先他不满于康德把现象界与物自体相割裂的不可知论。在《纯粹理性批判》中，康德以本体与现象的区分来解决自由与必然的二律背反；在《实践理性批判》中，康德则以现象与本体的区分来解决德行与幸福的二律背反，从而提出了作为实现"至善"的必要前提的实践理性的公设——灵魂不死与上帝存在。1793年2月28日席勒写信给克尔纳说："康德的哲学宗教学说，是用哲学论证来充当宗教的辩护士，这是对愚蠢的腐朽建筑加以修补而已。"[1]此外，他认为人的心理功能是一个有机的整体，但是哲学家（指康德）把它肢解了开来。他决心首先克服康德对美的概念的主观性，为美的观念建立一个客观基础。在《论美书简》（1793年1月25日）中，席勒指出：博克认为美是感性主观的，与沃尔夫学派不同，博克指出了美的直接性，说明美不依存于概念是正确的，但把美只看作感性感受性则是不正确的；鲍姆加登认为美是理性客观的，美在客观的完善；而康德认为美是主观理性的。席勒试图从真、善、美统一的关系中提出美的观念。他指出，美是事物由自身的规定，是使我们能见出自由的表现方式，也就是说美是自由的形式。他进一步说明，自由是一种理性

---

1 阿布什：《席勒》，柏林建设出版社，1980年。

的观念，而美的特性与自由在现象上是同一的，使事物表现出自由的那种客观属性赋予事物以美。现象中的自由对人的情感功能产生的作用就是美的表象所引起的效果。康德在《判断力批判》中提出了，自然如果看起来像艺术一样，那么它就是美的；艺术如果看起来像自然一样，那么它就是美的。席勒认为这一命题只有用他上述美的观念才能作出说明。这就是说，技巧成为自然美的基本要求，自由成为艺术美的基本条件。自然如果体现了人的意志努力，艺术如果符合自然规律，那么它们就是美的。

在建立了美的客观观念以后，席勒并不像康德那样，满足于那种毫无现实性的绝对命令的伦理观念，而是要在社会的现实性中去寻求真、善、美的统一。由此他写作了《美育书简》。在书简中，他吸收了费希特关于主体与对象（自我与非我）相互作用的思想，提出了两种基本冲动的理论。由费希特的"纯粹自我"和"经验自我"中，他提出了"人格"与"状态"（自我及其规定性）两个概念，并由此导出了人具有实在性和形式性的两种基本要求。他把审美的游戏冲动作为感性冲动和理性（形式）冲动的结合，从而使主体与对象在相互作用中来取得和谐，从真、善、美的统一中去寻求美的根源。当然，他的这种统一仍然是精神处于第一性，他并没有能摆脱费希特的唯心主义思想体系，但却把它引向了客观化实体化的方向。

在美育思想上席勒突破了英国美学由现有资产阶级文化的范围提出个人教育问题的狭小天地，而从历史高度上提出了培养全面发展的完美人性的理论。但是在具体认识上席勒仍处于一种朦胧状态。美究竟是目的呢，还是手段呢？在书简中，他有时把美只看作德育的手段，认为美只具有相对的价值，把审美的人作为达到理性、道德的人的中间阶段，有时又把审美自由作为人的精神解放和力量和谐的最高状态，把美的王国作为最高境界。他自己甚至没有发现这种矛盾。这说明他已经朦胧地意识到美既是目的又是手段的辩证关系。这一点可以从书简的全部论述中看出。（详见"美育——培养完美的人性"一节）

席勒明确指出，这一著作并不属于某个特定的哲学流派。这里我们可以看到许多哲学家的思想影响，远至柏拉图、亚里士多德，近至康德、费希特。席勒提出的美同时具有振奋作用和松弛作用就出自亚里士多德，在席勒的社会历史观中可以看出孟德斯鸠"法的精神"及社会教育观和卢梭社会政治观的影响，在坚持艺术必胜、感性和理性的统一、人是有机的整体以及艺术家应该是真正的人的观点中可以看出歌德的影响。

席勒反对用目的论来看待自然，他指出：我们的自然科学发展得如此缓慢，其主要原因显然是对目的论判断的普遍而自发的爱好，因此丧失了对自然界多样性的认识能力，往往按照目的论去寻求主观设置的构想。但是席勒面对现实的社会矛盾，却不可能看出这些矛盾的客观历史基础，因而只能在空想的"中间状态"中、在神秘的"对立面的综合"中去寻求出路。

## "书简"关于美与美育的理论

"书简"的主题思想概括说来是，人必须通过审美状态才能由单纯的感性状态达到理性和道德的状态。审美是人达到精神解放和完美人性的先决条件。他说："这个主题不仅关系到时代的鉴赏力，而且更关系到这个时代的需求。我们为了在经验中解决政治问题，就必须通过审美教育的途径，因为正是通过美，人们才可以达到自由。"（第2封信）

## 1.人性的分裂——对社会状况的分析

席勒的美学是以人为中心的，从人的本性的历史演进中确立了美学的地位，从社会现状的分析中提出了美育的课题。他指出：人们已经从长期的麻木不仁和自我欺骗中觉醒过来，不仅要求恢复自己的不可丧失的权利，而且已经起来用暴力取得他们认为是被无理剥夺了的东西。自然国家（指封建专制）的建筑摇摇欲坠了，它的腐朽的基础在崩塌。让法律登上王座，把人最终当作自身的目的来尊崇，使真正的自由成为政治结合的基础，这种自然的可能似乎已经存在。但这是徒劳的希望！因为还不存在道德的可能，有利的时机却遇到了一代感觉迟钝的人。人们在这场现时代的戏剧中，他们竟扮演了什么样的角色呢？这里是野蛮，那里是颓废，社会处于两种堕落的极端。在下层阶级中表现出粗野的无法无天的本能。由于摆脱了社会秩序的绳索，正以无法控制的狂怒忙于兽性的满足……另一方面有教养的阶级则表现出懒散和性格腐化的景象，因为它的根源正是文化教养本身造成的，这就更使人厌恶。（第5封信）

这里贯穿着席勒对法国革命进程的认识。一方面它反映了德国市民阶级知识分子在群众革命风暴面前的动摇和疑虑，另一方面也揭露出资产阶级革命本身的狭隘和局限性。

作为伟大的思想家，席勒深刻地预感到法国革命所建立的资产阶级社会难以摆脱的深刻矛盾。因此，他对新生的资本主义生产关系也带有批判的眼光。他从劳动分工方面考察了古希腊和现代社会。他认为在古希腊精神力量的那种美的觉醒中，感官和精神还没有严格地区分为相互敌对而又界限分明的不同领域。由此希腊人的性格把艺术的魅力和智慧的尊严结合在一起。他们既有完满的形式，又有丰富的内容；既能从事哲学思考，又能从事艺术创作。在他们身上我们看到了想象的青春性和理性的成熟性结合成一种完美的人性（第6封信）。他的这一观点受温克尔曼《古代艺术史》的影响，而且单纯限于考察文化领域。从抽象的人性论出发，把那种原始的人的全面性看作一种完美的人性。从古希腊的范例中，他看到了真、善、美统一的历史可能性。

接着席勒指出了现时代的弊病：国家与教会、法律与习俗都分裂开来，享受与劳动脱节、手段与目的脱节、努力与报酬脱节。永远束缚在整体中一个孤零零的断片上，人也就把自己变成一个断片了；耳朵所听到的永远是由他推动的机器轮盘的那种单调无味的嘈杂声，人就无法发展他的和谐。他不是把人性印刻到他的自然（本性）上去，而是把自己仅仅变成他的职业和科学知识的一种标志。就连把个体联系到整体上去的那个细微断片也不是取决于人性所给出的形式（人们怎么可以把他们的自由托付给这种人为的盲目的钟表机构呢），而是由一个公式无情地严格规定出来的。这种公式把人的自由智力捆得死死的。死的字母代替了活生生的知性，熟练的记忆比天才和感受更能起到可靠的指导作用（第6封信）。

在这里，席勒已经朦胧地意识到资本主义生产关系所带来的劳动异化。但是，他不是从经济基础上去寻找原因，而只是从精神领域去寻找根源。他说：现代人已经丧失了人性的和谐，正是文化教养本身给新的人性造成了这种创伤。只要一方面积累起来的经验和更明晰的思维使科学更明确的划分成为必然，另一方面国家的越来越复杂的机构使各等级和职务之间更严格地区别开，这就使得人性的内在联系被割断，一种致命的冲突把处于和谐状态的人的各种力量分裂了。

席勒虽然痛恨资本主义劳动分工带来的恶果，但他仍然肯定劳动分工在历史发展上的必要性。他解释道：在这里，我是要揭示现时代性格的不良倾向及其根源，而不是要指出自然为此所酬报人的好处。在类的生存中，这种分工虽然对个体没有带来什么好处，但是要使类取得进步就只能如此。要发展人的多方面的天赋能力，除了使这些能力相互对立之外别无他法。这些力量的对立是文化的巨大工具，但它只是一种手段。因为只要这种对立存在，人就只能处于完成文化使命的中途（第6封信）。应用这种对立的异化了的理性能力建立的文化和社会生活当然也是异化形态的。席勒认识到这是人类历史发展的唯一道路。

由于席勒的历史观是唯心主义的，所以在社会存在与社会意识的关系上必然本末倒置。他觉察到资产阶级革命仍然不能解决人性的分裂，所以否定了通过政治途径变革社会的方法，幻想用美育、通过审美教养来恢复完美的人性，由自然的必然性达到道德的必然性。那么什么是美育呢？他所说的美育主要是指艺术教育。他认为艺术是自由的女儿，它只能从精神的必然性而不是从物质的需求去领受指示。只有美的艺术才能打开纯洁的泉源。政治立法者可以封闭艺术领域，但却不能在艺术领域中支配一切，他可以驱除真理之友，但真理却永在，他可以侮辱艺术家，却不能伪造艺术（第9封信）。他似乎也感到了这里的矛盾,他说:然而,这里不是构成了一个循环?理论的教养应该推动实际的教养,而实际的教养却是理论教养的条件。政治领域的一切改善都要来自人的性格的高尚化,但是在一种野蛮的国家制度的影响下,人的性格怎么能够高尚化呢?他企图寻找一种国家没有为人们提供的工具,去打开不受一切政治腐化污染保持纯洁的泉源,这就是美的艺术。

## 2.对美的本质的探索

《美育书简》的历史意义不仅在于提出美育的问题,而且在于对美的本质的探索。康德哲学的二元论没有能够解决自然与人的统一问题,不能回答美的根源在哪里。席勒并没有停留在对主体心理功能的分析上,他通过主体和对象的相互作用,把美与人的本性和人的活动联系起来,试图从人的本性中寻找美的根源。

席勒首先对人性作了先验的分析。他说:把人加以抽象,我们就可以在人的身上区别出一种持久的和另一种不断变化的因素。前者是他的人格(即自我),后者是他的状态(即自我的规定性)。在必然的存在(理想的人性或称神性)中它们是统一的,而在有限的存在(一般的人)中它们总是两个东西（这就像费希特所说的纯粹自我和经验自我）。状态在人格的不变之中变化，人格在状态的变化中不变。有如花开花落，我们把花看作是这种变化中不变的东西，就如同人格，而在它的身上却表现出（花开花落）两种状态。人也是这样，从休息到活动，由激昂慷慨到心情平静，从协调到矛盾，我们始终保持着我们自己的样子。在绝对的主体（即神性）中，是以人格保持他的全部规定性的不变，因为这些规定性就是来自人格。没有时间、没有生成，人就不会是一种有规定性的存在，他的人格就只能存在天赋中，而不会是实际存在（第11封信）。

通过晦涩的论证，席勒试图说明在人格现实化的形成过程中有两种倾向，是他赖以建立美的客观观念的基础，这就是感性和理性的法则。

席勒指出，人之所以有感觉、思维和欲望，正是因为在人之外还存在着一个对象世界。人的感性要求是要有绝对的实在性，他要把（理性的）形式转化为世界（指物质对象），使他的一切潜在能力表现为现象。理性的要求是要有绝对的形式性，他要把所有世界（外在）的东西在自身清除掉，使其变化处于和谐中。换句话说，他要把一切内在的东西变成外在的，把（理性的）形式赋予一切外在的东西，使我们自身必然的东西成为现实，使我们之外现实的东西服从必然性的规律。在我们身上有两种相反的力量推动我们实现这些任务。前者是感性冲动，它产生于人的自然存在或感性本质，后者是形式冲动，它产生于人的绝对存在或理性本质（第12封信）。两者的作用有一定范围，感性冲动必须保持在人格的范围内，形式冲动必须保持在感受性或自然的范围内（第13封信）。而它们的相互作用呢，则是一个冲动的作用同时奠定和区分着另一个的冲动作用，通过这一个的活动使那一个发挥充分效能。这种相互关系只有在人的完美存在中才能实现。这就是人性的理想，是人在时间的过程中可以不断接近的无限性目标，但是永远也不可能完全达到（第14封信）。人性的完美就是实在与形式的统一、必然性和偶然性的统一、受动与自由的统一（第15封信）。这就是使人的能力（所有可能的现实性）的绝对体现与表现（所有现实事物的必然性）的绝对统一。这里表现出席勒的审美理想，即全面和谐发展的完整的人。

席勒指出：由这两种对立冲动的相互作用和这两种对立原则的结合中，我们就可以看到美的产生。这种美的最高理想就是实在与（理性的）形式尽可能完满的结合与平衡（第16封信）。这两种冲动的结合称为游戏冲动。为什么叫游戏冲动呢？因为游戏的对象在主观上和客观上并不是偶然的，同时又不受外在与内在的强制。正像我们在美的观照中，心灵是处于规律和需要之间恰到好处的中点，所以它排除了规律和需要的强制。

感性冲动的对象是最广义的生命，即全部物质存在以及直接呈现于感官的东西。形式冲动的对象就是本义和引申意义上的形象，包括事物一切（理性的）形式方面的性质及其对人类各种思考能力的关系。而游戏冲动的对象则是活的形象，用以说明各种现象的审美属性，即最广义的美。

什么是活的形象呢？席勒举例说，活的形象不一定是有生命的东西。一块大理石没有生命，但经过建筑师或雕刻家的加工却可以变为活的形象。一个人尽管有生命和形象，却不因此就是活的形象。只有当他的形式（原文如此，疑形象之误——译者注）活在我们的感觉中，他的生命在我们的知性中取得（理性的）形式时，他才是活的形象（第15封信）。在这里，席勒不仅指出了审美对象的客观外在属性，而且指出了它与审美主体相关联的特点。作为审美对象的活的形象不同于生物学意义的生命现象，活的形象是在对象的形象中融合了审美主体的生命内容，从而使对象的形象成为他自己生命内容的体现，这种对象才是审美的对象。所以，美源于主体与对象的统一。

通过游戏冲动，席勒把人的感性要求和理性要求结合在一起，把物质过程和精神过程统一了起来。他认为，美不仅是我们的对象，而且是我们主体的状态。席勒认为在审美过程中，思维、感觉和情感是交织在一起的。这就把审美活动与科学认识区别了开来。他指出，美是自由观照的作品，我们同它一起进入观念的世界，然而我们并不会像认识真理时那样抛弃感性世界。真理是脱离开一切物质材料和偶然的东西所得出纯粹抽象的产物，是不附带主观限制的纯粹对象，真理也是不混杂任何感受的纯粹自主性。当我们以认识为快乐的时候，我们就十分严格地把我们的观念和我们的感觉区别开来，我们把感觉看作某种偶然的东西，忽略了它并不会使认识中断、真理不成其为真理。但是，要把美的观念和感觉能力的联系分开却是徒劳的。因此，我们把前者只看成是后者的结果是不够的，必须把两者看作是互为因果。在我们享受认识的快乐时，我们不难区分从能动性到受动性的推移，并且清醒地意识到，后者开始时前者就结束了。与此相反，当我们获得审美快感时，能动性和受动性的这种交替就无法区分了。在这里反思和情感是完全交织在一起的，以致我们认为自己直接感受到（理性的）形式（第25封信）。由此，席勒进一步克服了经验主义美学和理性主义美学各执一端的片面性。

根据亚里士多德的观点，席勒认为美同时可以产生松弛和紧张两种作用。理想的美在不同的关系中可以显示出融合性和振奋性，而在经验界中存在一种融合性的美和振奋性的美。前者使人敏捷，后者使人产生力量（第16封信）。实际上，他在这里所指的就是优美与崇高的区别。

席勒把对外观的喜悦和对装饰与游戏的爱好看作人摆脱了动物状态而达到人性的一种标志。他指出，对实在的需求和对现实事物的依附是缺乏想象力的结果，对实在的冷漠和对外观的兴趣才是人性的真正扩大和达到文化的决定性步骤。这是人具有外在自由的证明，因为人在受必然的命令和需求的支配时，想象力就被牢固的绳索捆绑在现实的事物上，只有需求得到满足时，想象力才能发挥毫无拘束的能力。同时这也是人具有内在自由的证明，它使我们看到一种力量，这种力量不依赖外部素材而由自身产生，并有防范素材干扰的充足能力。事物的实在是事物的作品，事物的外观才是人的作品。一个以外观为快乐的人，不再以他所接受的为快乐，而是以他所产生的为快乐（第26封信）。

席勒把审美看作是摆脱了物质需求的束缚而达到外在和内在自由的一种状态。他认为，在感受美的时候，产生着素材与（理性的）形式的实际的统一和交替。在这种结合过程中就使感性与思维和意志相协调，使人在有限的事物中见出无限性和必然的规律。从而，他把美与精神和道德的自由联系在一起，把审美外观看作是一种自由的形式。

他进一步指出，想象力的自由活动和物质游戏，在不涉及（理性的）形式时还完全属于动物性的生活。它只说明人已从各种外在的感性强制下解放出来，还不能推断他已有了一种独立的创造形象的能力。由观念的自由承续所构成的游戏还完全是物质性的，是根据单纯的自然规律就可以得到解释的。想象力从这种游戏出发，只有在它追求自由形式的尝试中才能飞跃到审美的游戏。它已经不是一种盲目的本能活动了，而是一种掌握了必然性的自由的创造（第27封信）。

德国古典哲学用类的存在物来说明人的社会属性。类是一个社会的历史范畴，个体与类的统一则是一个历史的过程。席勒把审美看作是类的存在物所具有的属性，把美看作是人的生存的类的规律，由此来说明美的社会性。他指出：感官的快乐我们只能由个体来享受，而不能由我们生存的类来享受。我们不能把我们的感官快乐普遍化，因为我们不能把我们的个体普遍化。认识的快乐我们只能作为类来享受，因为在我们的判断中我们精心地排除了个体的任何痕迹。我们不能把理性的快乐普遍化，因为我们不能像在我们自己的判断中那样，由其他人的判断中清除掉个体的痕迹。而美呢，只有我们同时既作为个体又作为类，即作为类的代表，才能享受到（第27封信）。

席勒不仅对美的本质特征作了详细的分析，而且对产生美的根源也作了天才的猜测。他所提出的人对实在性和形式性的两种基本冲动已经包含了人的活动的对象化思想。将客观外在的东西消融在自身，把（理性的）形式赋予外在的东西，使自身必然的东西成为现实，这实际上就是对人的对象化和对象人化的猜测。但是席勒不懂物质实践活动的意义，他所指的主要还是精神领域的过程。感性和理性的统一以及人与自然的统一只有在人的物质活动的对象化过程中才能逐步实现。"通过漫长历史的社会实践，自然人化了，人的目的对象化了。自然为人类所控制改造、征服和利用，成为顺从人的自然，成为人的非有机的躯体，人成为掌握控制自然的主人。自然与人、真与善、感性与理性、规律和目的、必然和自由，在这里才具有真正的矛盾统一。"[1]这是人类由必然王国向自由王国飞跃的历史行程。席勒由于看到劳动分工对人性的分裂，始终把劳动与审美和艺术对立而隔绝开来，这一点特别表现在他的游戏冲动的观点上。

### 3.美育——培养完美的人性

席勒从人道主义理想出发，为了克服人性的分裂，提出了美育。他认为，从感觉的受动状态到思维和意志的能动状态的转变，只有通过审美自由的中间状态才能完成。虽然这种状态本身并不完全决定我们的见解或信念，不会由此而否定智力和道德的价值。然而，这种状态是我们获得见解和信念的必要条件。要使感性的人成为理性的人，除了首先使他成为审美的人，没有其他途径。为什么感性的人不能直接认识真理和义务呢？因为它需要借助某种力

---

[1] 李泽厚：《批判哲学的批判》，人民出版社，1979年，第403页。

量。真理并不像现实或感性事物那样，可以由外部就能得到，它要靠思维能力自动地在自由状态中取得。而这种自动性和自由却是感性的人所没有的。由审美状态到逻辑和道德状态（即由美到真理和义务）与由自然状态到审美状态（即由单纯盲目的生活到形式）相比，其步骤要容易得多（第23封信）。席勒在这里主要是把美育作为培养道德和理性的人的一种手段。他明确指出："美可以成为一种手段，使人由素材达到形式，由感觉达到规律，由有限存在达到无限存在。"（第19封信）

由此，接着他又指出：有促进健康的教育，有促进知识的教育，有促进道德的教育，有促进鉴赏力和美的教育。这最后一种教育的目的在于，培养我们感性和精神力量的整体达到尽可能的和谐（第20封信）。这里，席勒把体、智、德、美四项教育并提，就不仅是把美育作为德育的一种手段，而是作为具有独立目标的一项教育了。

席勒把大自然看作我们原来的造物主，它赋予了我们人性的能力，而这一能力的应用则由我们自己的意志决定了。他把美则看成我们的第二造物主，在人性分裂的时代，美又使人性成为我们的可能，而我们想使人性实现到什么程度则取决于我们的自由意志了（第21封信）。他说：

"如果人要在各种场合下都能使自己的判断和意志成为类的判断，如果他要从每一有限存在中找到通向无限存在的道路，从依存状态迈向独立和自由，他就要设法使自己不再限于单纯的个体，只受自然规律的支配。如果他要能够并准备好从自然目的的狭窄圈子提高到理性的目的，他就必须还在前者支配下的时候准备去适应后者，从某种精神自由，即按照美的规律完成他的自然使命。"（第23封信）席勒在这里把美的规律看作是符合自然规律的人的精神自由，并把审美的国度视为最高的境界。

席勒说：在权利的力量的国度中，人和人以力相遇，他的活动受到限制。在安于职守的伦理的国度中，人和人以法律的威严相对，他的意志受到束缚。在有文化教养的圈子里，在审美的国度中，人就只须以形象显现给别人，只作为自由游戏的对象而与人相处。通过自由去给予自由，这就是审美王国的基本法律。

力量的国度只能通过用自然去驯服自然的方式使社会成为可能。伦理的国度只能通过使个人的意志服从公共意志的方式，使社会（在道德上）成为必要。只有审美的国度才能使社会成为现实，因为它通过个体的本性去实现整体的意志（第27封信）。

由此，席勒第一次在美学史上提出了美育的理论，希望通过审美教养获得人的精神解放。这在私有制的资本主义社会当然只是一种不切实际的幻想。

## 《美育书简》在美学史上的地位

我们认为，书简不仅在德国古典美学中而且在整个美学史上都具有某种哲学思想上转折的意义。由此向客观唯心主义方向发展产生了黑格尔"美是理念的感性显现"的美学理论；向辩证唯物主义方向发展则产生了马克思的美学思想，从实践观点揭示出美的根源和美感的历史形成，奠定了马克思主义美学的基础。

在书简的写作过程中，席勒的思想也经历着不断的变化，向辩证的方向发展。由于思想变化引起观点上的矛盾，有时席勒本人也没有发现。这特别表现在对美育职能的认识上。此外，他在术语的使用上也极不固定。他不加区别地使用神性、绝对、无限、必然等词。对于形式、自然等词也有多种含义，在素材与形式一对术语中形式是指理性的形式（含思想形象之义），在形式与内容一对术语中形式就是一般含义了。自然有时是指大自然,有时是指本性。素材则是指现象领域。这些无疑增加了理解书简的困难。他自己也发觉,他向友人抱怨说,广大读者不理解他论证的目的何在。连歌德也没有理解他的书简,歌德说:"看到那样一个有卓越才能的人自讨苦吃,在对他无益的哲学研究方面煞费苦心,真叫人惋惜。"[1]

最初真正理解席勒书简意义的要算黑格尔了。黑格尔指出:席勒的大功劳就在于克服了康德学说的主观性与抽象性,敢于设法超越这些局限,从现实性上来认识感性和理性的统一。"美感教育的目的就是要把欲念、感觉、冲动和情绪修养成本身就是理性的,因此理性、自由和心灵性也就解除了它们的抽象性,和它的对立面,即本身经过理性化的自然,统一起来,获得了血和肉。这就是说,美就是理性和感性的统一,而这种统一就是真正的真实。"[2]

在黑格尔美学中也可以看出席勒美学的思想痕迹。对于两种冲动的理论黑格尔说得更加具体了。他说:"人还通过实践的活动来达到为自己(认识自己),因为人有一种冲

---

[1] 爱克曼辑录:《歌德谈话录》,朱光潜译,人民文学出版社,1978年,第39页。
[2] 黑格尔:《美学》第1卷,商务印书馆,1979年,第78页。

动，要在直接呈现于他面前的外在事物之中实现他自己，而且就在这实践过程中认识他自己。人通过改变外在事物来达到这个目的，在这些外在事物上面刻下他自己内心生活的烙印，而且发现他自己的性格在这些外在事物中复现了。人这样做，目的在于要以自由人的身分，去消除外在世界的那种顽强的疏远性，在事物的形状中他欣赏的只是他自己的外在现实。"[1]他还举了儿童的例子，一个小男孩把石头抛在河水里，以惊奇的神色去看水中出现的圆圈，觉得这就是一个作品，在其中看到了他自己活动的结果。

1873年斯宾塞发表了《心理学原理》。他在书中指出："多年前，我曾读到一个德国作家的一段话，大意是说美感起源于游戏冲动。我记不起这位作家的名字，也想不起他提出的理由和论据了。我的这种说法也许字面上不准确。但却隐含着真理。我们称为游戏的那种活动是由这样一种特征而和审美活动联系在一起，它们都不以任何直接的方式促进有助于生命的过程。"[2]斯宾塞认为艺术为人类高级机能提供消遣，给他们剩余的精力寻找一条出路，而游戏则为他们的低级机能提供消遣。从服务于生存的功能

---

1 黑格尔：《美学》第一卷，商务印书馆，1978年，第39页。
2 斯宾塞：《心理学原理》第2卷，伦敦，1881年，第627页。

中独立开来，是产生审美特性的一个必不可少的条件。美感的产生包括来自感觉、知觉或表象的快乐，总是建立在与机体的生物学功能相分离的基础上。

这一学说在历史上被称为"席勒—斯宾塞游戏说"，成为最早对艺术起源的心理—生理学探讨。显然，斯宾塞对席勒游戏冲动的理解极其浮浅庸俗。从发泄剩余精力的角度考察审美，也像达尔文从性的选择角度考察审美一样，都只是从生物学意义去认识审美活动，完全忽视了审美活动的社会性质和内容，因此这种学说是错误的。

席勒曾经指出："艺术大师的独特艺术秘密就是在于，他要通过形式来消除素材。""在真正美的艺术作品中不能依靠内容，而要靠形式完成一切。因为只有形式才能作用到人的整体，而相反地内容只能作用于个别的功能。"（第22封信）有人据此认为席勒是形式主义艺术的先驱。实际上，席勒不论在艺术实践上还是在文艺理论上都已经在克服康德纯形式主义的倾向，他只是在强调艺术形式和内容的统一，内容要通过形式发挥作用。

# 马克思对席勒美学思想的扬弃

对比马克思《1844年经济学—哲学手稿》与席勒《美育书简》，会发现两者在内容和观点上有着密切的联系。席勒提出的某些悬而未决的重大问题，在马克思那里开始作出了回答。

## 1.异化劳动学说

人性的分裂和异化是对美的否定。席勒从人道主义立场出发，揭露了近代资本主义劳动分工对和谐完整人性的摧残，但是他却不能认识它的实质和根源。马克思以无产阶级的义愤揭示了资本主义社会的异化现象。他说："劳动创造了美，却使劳动者成为畸形……劳动生产了智慧，却注定了劳动者的愚钝、痴呆。"[1]马克思同时说明，由于人的本质的异化必然影响甚至破坏审美活动本身，"忧心忡忡的穷人甚至对最美丽的景色都无动于衷；贩卖矿物的商人只看到矿物的商业价值，而看不到矿物的美和特性。"[2]

早在《1843年手稿》中，马克思就已经肯定了法国大

---

1 马克思：《1844年经济学—哲学手稿》，人民出版社，1979年，第78页。
2 马克思：《1844年经济学—哲学手稿》，人民出版社，1979年，第78页。

革命的历史意义，同时指出了它的政治和社会二重化造成了人的分裂。在《1844年经济学—哲学手稿》中，他进一步从当时社会的经济事实中分析了各种异化劳动范畴。

异化劳动包含了四个方面的内容：

在劳动的对象化中的异化：工人生产的劳动产品成了与工人对立的敌对力量，工人生产的东西越多，他就越陷入他的产品的统治之下。

在劳动过程中的自我异化：劳动只是工人谋生的手段，是从外部强加给工人的。所以，他在自己的劳动中不是肯定自己，而是否定自己，不是自由地发挥自己的体力和智力，而是使自己的肉体受折磨、精神遭摧残。

人的类生活的异化：只有人在改造物质世界的过程中才能肯定自己的类本质，异化劳动使人失去了类的生活，而只成为个人的生存。

人同人相异化：即使得每个人都与他的类本质相异化，形成了资本家与工人的对立。

马克思通过异化劳动的分析，揭示了私有制发展的秘密。异化劳动产生了私有制，私有制又成了异化劳动的基础和原因。马克思把废除异化劳动这个任务同无产阶级的世界历史性作用直接联系起来：消灭私有制，就要消灭异化劳动,同时也要消灭异化劳动所产生的全部人类的奴役制度。工人阶级反对私有制的斗争,不仅为工人阶级自己的解放,而且为整个人类的解放开辟了道路,这才为克服人性分裂和异化创造了现实的社会条件。

## 2. 美的本体论

本体论是研究存在的学说。古希腊哲学就是本体论哲学,从米利都学派开始,就提出了万物本原的问题。所谓本原,按照亚里士多德的解释,就是万物由它产生又复归于它的那个东西。那么美的本原(根源)在哪里呢?席勒天才地猜测是在人与自然的统一中。但是限于他的唯心主义历史观,他不可能认识物质实践——生产劳动的决定性作用。鉴于资本主义劳动与分工对艺术的损害,他始终把劳动与艺术完全隔绝开来甚至对立起来。所以,他不能真正科学地说明美的根源。

在《1844年经济学—哲学手稿》中,马克思从社会基本实践——生产劳动的角度考察了社会的人与自然,主体与对象的相互关系,说明了人的劳动对客观世界的改造和对人自身发展的作用,正是生产劳动才完成了自然与人的现实的统一。马克思指出:"全部所谓世界史不外是人通过人的劳动的诞生，是自然界对人说来的生成。"[1] 人的实践活动具有对象化特性，这是人类具有自我意识的表现。劳动的对象成为人的类生活的对象化。社会的人通过生产劳动，认识、支配和改造自然，以实现自己的目的和需要，使自然铭刻上人的意志的烙印，把人的本质力量体现在改造了的自然中。从而，使自然成为人的对象，成为人的本质力量的形象化确证，成为人的创造物和现实。从主体方面讲，由于人的本质客观地展开的丰富性，才产生了主体的感性丰富性，人的感觉正是由于人化了的自然才产生出来。人的本质的对象化创造了与人的本质和自然本质的全部丰富性相适应的人的感觉。马克思正是从这个意义上说："劳动创造了美。"这是在人类认识史上第一次科学地揭示出美的根源。

马克思在谈到人的与动物的生命活动的区别时，指出人把自己的生命活动本身变成自己的意识和意志的对象，由于人的生命活动是有意识的，所以人的活动才是自由的活动。并且进一步提出了"人也按照美的规律来塑造物体"[2]。这里，马克思从一种新的意义上肯定了意识的自

---

[1] 马克思:《1844年经济学—哲学手稿》，人民出版社，1979年，第84页。
[2] 马克思:《1844年经济学—哲学手稿》，人民出版社，1979年，第51页。

由与美的规律的联系，说明美是客观必然性与人的自由的统一。席勒也正是把精神自由的实现作为美的规律的基本特征。

### 3.完整的人——共产主义新人

席勒把人的精神解放和完美人性作为他的美学和美育的目标。但是，在私有制的社会里，不去变革社会关系，而单纯靠美育则是完全不可能的。席勒所追求的审美理想，只有马克思从共产主义革命的角度才作出了回答："共产主义是存在和本质、对象化和自我确立、自由和必然、个体和类之间的抗争的真正解决。"[1]

马克思从不同的社会物质基础上也区别出三种社会形态，他指出："人的依赖关系（起初完全是自然发生的），是最初的社会形态，在这种形态下，人的生产能力只是在狭窄的范围内和孤立的地点上发展着。以物的依赖性为基础的人的独立性，是第二大形态，在这种形态下，才形成普遍的社会物质变换，全面的关系，多方面的需求以及全面的能力的体系。建立在个人全面发展和他们共同的社会

---

[1] 马克思：《1844年经济学—哲学手稿》，人民出版社，1979年，第73页。

生产能力成为他们的社会财富这一基础上的自由个性,是第三个阶段。第二个阶段为第三个阶段创造条件。"[1]

"全面发展的个人……不是自然的产物,而是历史的产物。要使这种个性成为可能,能力的发展就要达到一定的程度和全面性,这正是以建立在交换价值基础上的生产为前提的,这种生产才在产生出个人同自己和同别人的普遍异化的同时,也产生出个人关系和个人能力的普遍性和全面性。在发展的早期阶段,单个人显得比较全面,那正是因为他还没有造成自己丰富的关系,并且还没有使这种关系作为独立于他自身之外的社会权力和社会关系同他自己相对立。留恋那种原始的丰富,是可笑的,相信必须停留在那种完全空虚之中,也是可笑的。"[2]

单纯否定私有制,即粗糙的共产主义,根本不能达到人的解放。因为在私有制统治下,人最发达的感觉只是与私有制相适应的占有感,它压倒了一切其他实际感觉和精神感觉,表现为它们的异化。积极的共产主义,即对私有财产的积极的扬弃,则是"通过人并且为了人而对人的本

---

[1] 马克思:《经济学手稿(1857—1858年)》,见《马克思恩格斯全集》第46卷上册,人民出版社,1979年,第104页。
[2] 马克思:《经济学手稿(1857—1858年)》,见《马克思恩格斯全集》第46卷上册,人民出版社,1979年,第108页。

质和人的生活、对对象化了的人和属人的创造物的感性的占有……人以一种全面的方式，也就是说，作为一个完整的人，把自己的全面的本质据为己有。"[1]因此，这一过程是人向作为社会的人即合乎人的本性的人的自身的复归，这种复归不是回到原始共产主义社会的野蛮状态，而是彻底的、自觉的、保存了以往发展的全部丰富成果的。

在对人的本质、对对象化了的人和属人的创造物的感性占有中无疑包含了审美的本质规定，这里进一步揭示出了美的本质和美育的途径。席勒认为，只有美的观念才能使人成为整体，因为它要求人的两种本性（指感性和理性）与它协调一致。马克思则从共产主义革命的历史高度提出了在各种社会实践（不仅包括艺术活动）中培养完整的人的任务。他认为，过去人们仅把宗教以及政治、艺术和文学等这样一些抽象普遍形式的历史，看作人的本质力量的现实和人的类的活动，而通常的物质的工业，这些感性的、外在的、有用的对象，人们却没有看作是人的对象化了的本质力量。实际上，这是一个更为直接、更为普遍的领域，它也是人的本质力量的体现。这无疑为美学和美育

---

[1] 马克思：《1844年经济学—哲学手稿》，人民出版社，1979年，第77页。

揭示出一个更为广阔的天地。这就是说，美学绝不限于艺术哲学，在人类的物质生产活动中也存在审美的现象；美育也绝不限于艺术教育，美的形态很多，所以审美教育的途径也是多种多样的。社会主义的建立为物质生产与审美文化的结合开辟了广阔的前景，美育将成为物质文明和精神文明建设的重要一环。

美育在今天已经成为我们进行社会主义教育的有机组成部分。席勒昔日的理想，已经成为我们今天现实的事业了，这是可以告慰于作者的。

把《美育书简》与《1844年经济学—哲学手稿》结合起来阅读，可以使它们相得益彰。它不仅可以提高我们对《书简》历史意义的认识，而且可以加深我们对《手稿》的理解。康德—席勒—马克思这条美学思想的线索[1]，我们可以看出，马克思是怎样吸收了前人先进思想成果而成就了美学观的革命变革的。

徐恒醇
1983年7月于北京
2024年6月修订于天津

---

1 参见对字：《李泽厚同志谈美学》，《美育》1981年第4期。

# 第一封信

请您允许我在这一束书简中把我对于美与艺术进行探讨的成果奉献给您。我深感这一任务的重大，也熟知它的魅力和价值。我所要谈论的主题与我们的幸福直接相关，并与人性的道德高尚不无联系。我将把美的问题展示在感受并施加了美的全部威力的心灵之前，在就其规律而论经常得诉诸情感的这一探讨中，我将承担起我的任务中最艰巨的部分。

我所请求的正是您赋予我的职责，在这里按照我的爱好我可以有所贡献。您为我制定的规则是自由自在而毫无强制的，这对于我倒是一种需要。不采用通常的论述形式，这就不会使我由于术语使用不当而陷入扫兴的尴尬。我的观点主要来自我个人的思考，而不是来自丰富的外界经验，也不是来自资料的研究，当然并不否认它是有其根源的，但既不能把错误归咎于某一学派的影响，也不能靠权威或别人的力量而否定自身的弱点。

我对您毫不隐讳，下述命题绝大部分是基于康德的各项原则，如果这一探讨过程使您联想起某一特定的哲学学派，那么这要归咎于我的能力太差，而不能归咎于这些原则。不，我把您的精神自由视为不可侵犯的。您自己的感受为我提供了我赖以建设的事实基础。您自己的自由思考能力制订了我们进行论证的准则。

对于康德体系实践部分中占主导地位的那些概念，只有在哲学家那里才是分割开的，我确信可以证明，一般人则认为它们始终是一体的。如果人们使它们摆脱开学术的形式，它们就成了常识中早已有之的要求和道德本能的事实，这种道德本能正是贤明的自然作为保护者在人具有明晰的洞察力以前所赋予人的。但是，正是这种学术的形式，它为知性揭示了真理，又在情感面前掩盖了真理。因为遗憾的是，知性若要自己把握这一对象，就必须首先肢解内在感觉的对象。正如化学家只有通过分解才能发现物质的联系那样，哲学家只有通过磨炼才能发现具有自由意志的自然的作品。为了捕捉转瞬即逝的现象，就必须把这些现象捆绑在规则的刑具上，将其美的形体分割成抽象的概念，使其活生生的精神保持在贫乏的词汇骨架中。如果在这种摹写中不能重新发现自然的情感，在分析家的报告中真理成了不合情理的东西，那不是怪事吗？

如果下述探讨为了使其对象接近知性而越出了感性的范围，那么也要请您多加原谅。适用于道德经验的东西，必然在更高的程度上也适用于美的现象。美的全部魔力正是基于这一奥秘，而当美的各种因素被强行结合起来，美也就失去了它的本质。

# 第二封信

然而，除了把您的注意力吸引到美的艺术舞台之外，我如何还能更好地利用您给予我的这种自由呢？正当道德世界的问题使人产生更大的关切，时代状况又迫切要求哲学探讨精神去从事于一种最完美的人工作品，去建立一种真正的政治自由的时候，却在为审美的世界物色一部法典，这是否至少是不合时宜的呢？

我不愿意生活在另一个世纪，也不愿意为另一个世纪而工作。正如每个人都是国家的公民一样，他同样也是时代的公民。如果不可能甚至不允许他与自己生活圈子的习俗隔绝开来，那么为什么没有义务在他活动的选择中，使他的抉择符合时代的需要和鉴赏力呢？

但是这种抉择似乎对艺术不利，它至少不利于我的探讨所涉及的那些艺术，事件的进程使时代的创造精神朝着越来越远离理想艺术的方向发展。艺术必须摆脱现实，并以加倍的勇气越出需要，因为艺术是自由的女儿，它只能从精神的必然性而不能从物质的欲求领受指示。然而在现时代，欲求占了统治地位，把堕落了的人性置于它的专制桎梏之下。利益成了时代的伟大偶像，一切力量都要服侍它，一切天才都要拜倒在它的脚下。在这个拙劣的天平上，艺术的精神贡献毫无分量，它得不到任何鼓励，从而消失在该世纪嘈杂的市场中。甚至哲学家的探索精神把想象力也撕成了碎块，艺术的领域在逐渐缩小，而科学的范围却在逐步扩大。

哲学家和社会名流们把目光期待地注视着政治舞台，人们相信目前人类的最后命运将在那里审议。这个一般的讨论若离开上述问题，不就表现出对社会利益的令人指责的漠不关心吗？这一伟大的裁决，由于它的内容和结果，与每一个自称为人的人都直接相关，由于它的审议方式，必然使每一个独立的思想家都格外关注。以前只能由强者的盲目权威做出回答的这样一个问题，现在似乎要在纯粹理性的法官面前起诉。只有始终能够把自己置于全体的中心，并把自己的个体提高到类的人，才能把自己当作理性法庭的陪审官，从而他既作为人，又作为世界公民成为诉讼当事人，或远或近地了解这一事态的进展。在这一伟大审议中做出裁决，这不仅仅是他个人的事情，应该按照法律做出裁决，他作为理性精神有能力和资格做出这种裁决。

与您这样一个天才的思想家和自由的世界公民去探讨这一问题，并把这一答案交付给为人类幸福而充满美好热忱的心灵，这对我是多么富有诱惑力啊！虽然在现实世界的环境中，我们地位如此悬殊而相距又这样遥远，但是在观念的领域，您的毫无偏见的精神却得出了与我相同的结论。这多么令人愉快又令人惊异！我抵制了那种富有魅力的诱惑，把美的问题放在自由的问题之前，我相信它的正确性不仅可以用我的爱好来辩解，而且也可以通过各种原理加以证明。我希望使您相信，这个主题不仅关系到时代的鉴赏力，而且更关系到这个时代的需求。我们为了在经验中解决政治问题，就必须通过审美教育的途径，因为正是通过美，人们才可以达到自由。我只有使您想起把理性引入政治立法的那些原理，才能做出这种证明。

## 第三封信

自然界对待人，并不比对待它的其他作品更恩惠些：自然界为人所做的，还不能使人本身作为自由理智的人而行动。但是，使人成其为人的正是人不停留在单纯自然界所造成的样子，而有能力通过理性完成他预期的步骤，把强制的作品转变为他自由选择的作品，把自然的必然性提高到道德的必然性。

人摆脱了自己的感性混沌状态，认识了作为人的自身，环顾四周并在国家中发现了自己。在他能够自由地选择这种地位以前，他要受到需要的强制。在能够按照理性法则建立国家以前，根据需要按照单纯的自然规律建立了国家。但是，作为道德的人始终不会满足于这种需要的国家，这种国家只是由它的自然规定产生的，并且只是在这一点上才是合理的。如果他可以说的话，这种国家对他是一种灾难！作为人，他有权利去摆脱盲目必然性的统治，正如他在其他许多方面通过他的自由而摆脱了这种统治那样，例如通过道德性使得性爱的需要所驱使的那种卑俗特性消失了，并通过美使之高尚化了。因此，人以一种人为的方式，从他的成年返回到他的童年时代，在人的观念中构成一种自然状态。这不是由经验得出的，而是他的理性的必然结果，是由他的理性规定必然构成的。从这种理想状况中借来一个终极的目标，这在人的实际自然状态中是他所不能达到的，他在当时还不能作出这种选择，这就好像他从头开始，并以具有明确见解和自由抉择的独立状态来取代制约状态。不论那种盲目的力量多么巧妙地和牢固地为它自己的作品打下了基础，不论它多么蛮横地维护这一作品并为其披上任何尊贵的外衣——在这一过程中人可以把这一切看作根本没有发生的事，因为盲目力量的作品不具有权威，在它面前自由无需屈从。所有的事物都要服从于最高的终极目标，这一目标是理性在人的人格中树立起来的，一个达到成熟的民族必定会产生并确证这一意图，即要将自然的国家转变为道德的国家。

这种自然的国家（正如每一种政治实体那样，它的建立最初是基于力量，而不是基于法则）与道德的人是相互矛盾的。对于道德的人来说，单纯合法性则应该使人服务于法则；而自然的国家却完全适合于自然的人，他为自己制定法则只是为适应于强制的力量。但是在这里，自然的人是现实的，而道德的人却是令人置疑的。因此，理性要以它自己的国家取而代之，它就必然地要废除自然的国家，它就要敢于把自然的、现实的人变为令人置疑的、道德的人；它就要敢于用具有可能性的（即使在道德上是必然的）理想的社会取代现实的社会。理性从人那里只能取得那些人所实际具有的东西，却不能取得人所不具备的东西；并分配给人那些他能够并应该占有的东西。如果理性对人的企望过高，它为了一种人性（这是人还缺少的并且由于缺少而无损于他的生存）甚至于夺去了人作为动物性的手段，那么就等于是夺去了他的人性存在的条件。这就等于在他把他的意志固定为法则之前，理性由人的脚下撤去了自然的阶梯。

因此这里特别要考虑的是，在观念中没有建成道德的社会之前，现时代自然的社会就一刻也不能中断，为了人的尊严不允许把人的生存推到危险的境地。当机械师在修理钟表零件时，他还要让轮盘运转，但是国家这一活的钟表机构在它的运转中需要修理了，这里则要在它的运转中去更换旋转着的轮盘。因此，我们必须寻找使社会持续下去的某些支柱，这些支柱不依存于我们所要废除的自然国家。

  这种支柱不会在人的自然性格中找到，自私和残暴的特性与其说有助于维持社会，不如说是破坏社会。这种支柱也不能在人的道德性格中找到，按照前提来说它是有待形成的。因为它是自由的并从未出现过，立法者绝不会根据它来行事，绝不会顾及到它。它取决于由自然的性格中分离出任性、由道德的性格中分离出自由——重要的是使自然的性格与法则相一致，使道德的性格从属于印象。进一步使前者远离物质，以便使后者更接近物质。由此产生出第三种性格，它与以上两种性格相关，为由单纯力量的统治转变为法则的统治开辟道路，不阻碍道德性格的发展，而是作为不可见的道德性的感性保障。

# 第四封信

至少这一点是肯定的，只有这第三种性格在一个民族中占优势，才能毫无损害地完成按照道德原则对国家的改造。只有这种性格才能保障道德原则的持久。在建立道德国家时，把伦理的法则视为推动力，而自由意志则进入因果的领域，在这一领域一切事物都以严格的必然性和稳固性相互联系着。然而我们知道，人的意志规定总是偶然的，只有在绝对的存在物那里，自然的必然性才与道德的必然性相一致。如果把人的伦理态度看作自然的结果，它必然是本性，他就必然会通过他的本能达到这样一种生活方式，而产生一种道德的性格。但是，人的意志在义务和爱好之间是完全自由的，在他的人格的无上权力中不可能也不允许具有自然的强制。因此，如果人具有这种选择的能力，并尽管如此而成为在各种力量的因果联系中可靠的一环，那么也只能由此实现这一点，即在现象的领域中这两种本能推动力的作用完全相同。除了在形式上的不同之外，人的意愿的实质仍然是相同的，从而他的本能与他的理性的一致，就足以适应于普遍的立法了。

我们可以说，就其天赋和素质而言，在每一个个体的人的身上都具有纯粹理想人的成分，在各种变化中与这种不变的统一体保持和谐，这是他的生存的伟大使命。[1]在每一个主体身上，都可以或多或少明晰地看到这种纯粹的人，他可以由国家来代表，力图以这种客观的仿佛标准的形式，把主体的多样性结合在一起。但是，如何使现代的人与理想中的人相一致，由此同样地如何使国家可以在个体中维护自己，这里可以设想两种不同的方式：或者通过纯粹的人压制经验的人，使国家消除个体；或者通过将个体变为国家，把现时代中的人上升到理想中的人。

---

[1] 这里我所依据的是我的朋友费希特最近发表的文章《论学者使命的讲义》。——作者原注。

在片面的道德评价中固然抹杀了这种区别，因为若理性法则无条件地适用，则理性就可以满足；但是在全面的人类学评价中，既要考虑形式，也要考虑内容。活生生的感觉也有发言权，这种区别就更加明显了。理性虽然要求统一，但是自然却要求多样性，因此人需要这两种立法。前者（理性）的法则通过不受诱惑的意识作用于人，而后者（自然）的法则却通过无法排除的情感作用于人。如果道德的性格只能通过牺牲自然的性格才能保持，那么就证明人还缺乏教养。如果国家的宪法只有通过排除多样性才能达到统一，那么就说明它还很不完善。国家不仅应该重视个体身上客观的和一般的性格，而且应该重视个体身上主观的和特殊的性格。在国家扩大不可见的道德领域的同时，它也不应该缩小现象的领域。

当机械的艺术家着手于未成形的素材，赋予它以他所要达到的形式时，他会毫不迟疑地对它施以强制的力量，因为他所加工的自然本身并不值得注意，他所重视的不是为着各个部分的整体，而是为着整体的各个部分。当美的艺术家着手于同一块素材时，同样会毫不迟疑地对它施以强制的力量，他只是要避免显示这种力量。他丝毫不会比机械的艺术家更加重视他所加工的素材，但他会试图用对素材表面的让步来迷惑维护着素材自由的眼睛。对于教育艺术家和政治艺术家情况就完全不同了，他们把人既当作他们的素材，又当作他们的课题。在这里，目标回到了他们的素材中，只是因为整体是为各部分服务的，各部分就要适应于整体。与美的艺术家对待他的素材的态度完全不同，国家的艺术家必须亲近他的素材，不仅在主观上为了在感性达到迷人的效果，而且在客观上为了达到内在的本质，他必须爱护他们的独特个性和人格。

由于国家是一个通过它自身，并为了它自身而建立的有机的组织，因此，它只有使各部分协调到整体的观念上才能成为现实的。因为国家在他的公民的心目中是作为纯粹和客观人性的代表，所以国家对待它的公民的态度，必定如同公民们对待国家的态度那样，因此，国家尊重他们的主观的人性也只能达到这种程度，即如同这些人性提高到客观性时那样。如果内在的人性与他本身是同一的，那么他在自己态度的最大普遍化中将保持自己的独特性，而国家只是成为公民美的天性的解释者，成为他内在立法的更明确的表现形式。如果与此相反，在一个民族的性格中，主观的人与客观的人仍如此对立，只有压制前者才能使后者取得胜利，那么国家对于公民也只能保持法律的严肃性，为避免成为它的牺牲品，就必须毫无顾忌地把敌对的个体性踩在脚下。

人能够以这样两种方式对立起来：或者当他的情感支配了他的原则时，成为一个原始人；或者当他的原则破坏了他的情感时，成为一个野蛮人。原始人忽视艺术，并把自然作为至高无上的情侣；野蛮人嘲弄和蔑视自然，然而他比原始人更为丢脸，他进而成了自己的奴隶的奴隶。有教养的人把自然当作自己的朋友，他尊重自然的自由，而只是抑制了自然的专横。

因此，当理性把它的道德的统一引入物质的社会时，它不可以损害自然的多样性。当自然在社会的道德建设中试图坚持它的多样性时，由此不可以破坏道德的统一。单调和混乱与取得胜利的形式之间相隔是同样的遥远。在有能力和资格把强制的国家转变到自由的国家的民族中，人们将会找到性格的完整性。

# 第五封信

在现时代、在目前的事变中我们是否看到了这种性格呢？我把我的注意力立刻集中到在这一广阔画卷中最突出的对象上来。

诚然，舆论的威望已经下降，专制已被揭露，虽然它还拥有力量，但已丧失了尊严。人们已经从长期的麻木不仁和自我欺骗中觉醒过来，不仅要求恢复自己的不可丧失的权利，而且已经起来用暴力取得他们认为是被无理剥夺了的东西。自然国家的建筑摇摇欲坠了，它的腐朽的基础在倒塌。让法律登上王座，把人最终当作自身的目的来尊崇，使真正的自由成为政治结合的基础，这种自然的可能似乎已经存在。但这是徒劳的希望！因为还不存在道德的可能，有利的时机却遇到了一代感觉迟钝的人。

人们在他们的行动中勾画出自己的形象。在这场现时代的戏剧中，他们竟扮演了什么样的角色！一方面是野蛮，另一方面是萎靡不振：人们堕落的这两种极端竟在同一时间里结合在一起！

在人数众多的下层阶级中，表现出粗野的无法无天的本能。由于摆脱了社会秩序的绳索，正以无法控制的狂怒忙于兽性的满足。这可能是由于客观的人性造成的，他们在对国家申诉。主观的人性不得不尊重国家的设施。只要国家还在保卫着人的生存，我们能够责备国家，说它忽视了人性的尊严吗？在还没有考虑到人性的教养时，我们能责怪国家急于靠自然的重力来分类并靠聚合力来联结吗？这种国家的解体是有其合理性的。解体的社会不是奔向有组织的生活，而是倒退到原始的国度。

另一方面，有教养的阶级则表现出一副更令人作呕的懒散和性格腐化的景象。因为它的根源正是文化本身，这就更使人厌恶。我记不起来是哪位古代或现代哲学家所说的了：高贵的东西在它解体的时候就变成了卑劣的东西[1]，看来这在道德领域也是如此。如果人们放纵起来，就会由自然之子变成狂徒，由艺术的门生变成毫无价值的人。上流阶层不无理由地以此自炫的知性启蒙，整个说来对人的志向的高尚化影响甚微，倒不如说是它提供了适应腐化的准则。我们在其正当的范围内否认了自然的权威，那么在道德的范围内我们就要承受自然的淫威，我们正是以抗御自然影响的方式从自然取得了我们的原则。我们的习俗中矫揉造作的端庄拒绝了对自然作出宽恕的第一次表决，那么在我们的唯物主义伦理学说中就得给予自然以决定性的最后发言权。自私自利已在我们高度文明的社交活动中建立起它的体系，我们经受着社会的一切传染病和一切灾祸，却没有产生出一颗倾向社会的心。我们使自己的自由判断屈从于社会专制的舆论，使自己的情感屈从于社会奇异的习俗，使自己的意志屈从于社会的诱惑，而我们只是为反对社会的神圣权力而坚持着我们的任性。在粗野的自然的人那里，他们的心还经常共鸣地跳动；而社会名流们的心却充满了傲慢的自信。这就像在起火燃烧的城市里，

---

1 参见柏拉图《理想国》第6卷——译者注。

每个人只寻找他自己可怜的财物来逃避这场劫难一样。我们确信，只有完全摆脱了伤感，才能找到防范社会迷误的方法。那种对鞭策空想家有益的嘲笑，却同样不加体谅地亵渎了最高尚的情感。那种远非能使我们获得自由的文化，随着它在我们身上所形成的每一种力量，只是产生出一种新的欲求。自然的镣铐越来越可怕地收紧，以致失败的恐惧窒息了要求改良的炽烈本能，使被动地顺从的准则成了生活的最高智慧。因此，我们看到时代精神在混乱与暴行之间、在非自然与单纯自然之间、在迷信与道德怀疑论之间摇摆，只是一种不幸的平衡还在不时地限制着时代精神。

# 第六封信

或许我对于时代的描述已经过分？我期待的不是这种指责，而是另一种指责，说我由此要证明的东西太多。您会对我说，这幅景象肯定类似于现代的人性，但它也完全像处于文化途程中的所有民族，因为一切民族在他们通过理性而能归复自然之前，必然毫无例外地由于过分拘泥于理性而脱离了自然（本性）。

但是当我们多少注意到时代性格的时候，把人性的现今形式与以前的，特别是古希腊人的性格加以对比，就会使我们感到惊讶。我们针对任何其他单纯本性所显示的文化教养的荣誉，对希腊人的本性而言却不适用。希腊人的本性把艺术的一切魅力和智慧的全部尊严结合在一起，不像我们的本性成了文化的牺牲品。希腊人不仅以我们时代所没有的那种单纯质朴使我们感到羞愧，而且在由此可以使我们对习俗的违反自然（本性）而感到慰藉的那些优点方面也是我们的对手和楷模。他们既有完满的形式，又有丰富的内容；既能从事哲学思考，又能创作艺术；既温柔又充满力量。在他们的身上，我们看到了想象的青春性和理性的成熟性结合成的一种完美的人性。

在那时，在精神力量的那种美的觉醒中，感性和精神还没有严格地区别而成相互敌对又界限分明的不同领域。诗还没有去追求诙谐，思辨还没有堕落为诡辩。它们必要时可以互换其职，因为两者都只是以其自身的方式推崇真理。尽管理性高扬，它总是亲切地使物质的东西紧跟在它的后面，尽管理性划分得如此精细，但绝不会残缺不全。理性虽然把人性分解开来，并把它分别在众神的身上加以扩大，但并没有因此把人性撕成碎片，而是以不同方式把它组合起来，使每一个神的身上都表现出完整的人性。在我们现代人这里情况是多么不同！在我们这里类的图像在个体中被分别扩大了——但却成了碎片，而不是构成不同的组合，以致我们要看到类的完整性，就必须对个体作逐个盘查。在我们这里，人们总是试图相信，各种精神能力是分别地表现在经验中的，如同心理学把它们分解成概念，我们看到的不是单个的主体，而是由只发展了他们某一部分天赋的人所组成的阶级。而其余的人就像畸形的植物，只表现出它的本性的微弱的痕迹。

我不否认，作为一个统一体并从知性的天平上看来，现代人比古代世界最优秀的人物更具优势。但是，这场竞赛应该包括每个成员，用整体的人与整体的人来衡量。哪一个现代人能站出来，个人对个人地与单个的雅典人比试一下人性的价值？

这里不谈类所获得的好处，而只是说，个体的这种不利条件是怎样产生的？为什么单个的希腊人可以成为他的时代的代表，而单个的现代人却不敢呢？因为希腊人所获得的形式是来自把一切联合起来的本性，而现代人所获得的形式是来自把一切分离开来的知性。

正是文化本身给现代人性造成了这种创伤。只要一方面积累起来的经验和更明晰的思维使科学更明确的划分成为必然，另一方面国家的越来越复杂的机构使等级和职业更严格的区别成为必然，那么人的本性的内在纽带也就断裂了，致命的冲突使人性的和谐力量分裂开来。直观的知性和思辨的知性现在敌对地占据着各自不同的领地，互相猜忌地守卫着各自的领域。人们的活动局限在某一个领域，这样人们就等于把自己交给了一个支配者，他往往把人们其余的素质都压制了下去。不是这一边旺盛的想象力毁坏了知性辛勤得来的果实，就是那一边抽象精神熄灭了那种温暖过我们心灵并点燃过想象力的火花。

由艺术和学识在人的内心所开始造成的这种混乱失调，又由近代统治的精神贯彻下去并普遍化了。当然，不能期望早期共和制的那种简单组织会随着早期的道德习俗及社会关系的消亡而继续存在，然而它没有提高成高级动物的生命，却下降到一种平庸而笨拙的机构。在希腊城邦中，每个人都享受着一种独立的生活，到了必要时可以变为一个整体。希腊城邦的这种水螅式的本性现在却变为一种精巧的钟表机构，其中由无限众多的但却无生命的部分组成一种机械生活的整体。现在，国家与教会、法律与习俗都分裂开来，享受与劳动脱节、手段与目的脱节、努力和报酬脱节。永远束缚在整体中一个孤零零的断片上，人也就把自己变成一个断片了。耳朵里所听到的永远是由他推动的机器轮盘的那种单调乏味的嘈杂声，人就无法发展他生存的和谐，他不是把人性印刻到他的自然（本性）中去，而是把自己仅仅变成他的职业和科学知识的一种标志。就连把个体联系到整体上去的那个细微断片也不是取决于人性所自发选择的形式（人怎么可能把他的自由托付给这样一种人为的、盲目的钟表机械呢），而是由一个公式无情地、严格地规定出来的，这种公式就把人的自由智力捆得死死的。死的字母代替了活生生的知性，熟练的记忆比天才和感觉更能起到可靠的指导作用。

如果社会把职位作为衡量人的尺度，它只重视它的公民中某一个人的记忆力，而对另一个人只重视图解式的知性，对第三个人只重视机械的熟练技巧；如果在这里只追求知识而对性格的要求则无所谓，在那里相反只要求遵守秩序的精神和守法的态度而把最大的无知视为优异；如果同时要求各种能力的发展达到使主体失去其允许范围的程度，为了个别受重视和最值得的天赋而忽视了心灵的其他能力，这怎么不使我们惊异。诚然我们知道，充满才智的天才人物不会由于他的事业的范围而限制了他的活动，但是中等的天资在他从事的事业中却耗尽了他的全部贫乏的精力。这已经不是普通的头脑了，为了不妨碍他的职业还要放弃他的爱好和追求。如果具有超出职务的精力或者天才的人有更高的精神需要，除了他的职务还想从事别的事业，国家很少作出良好的推荐。国家对它的职员的个人占有是如此嫉妒，以致它轻而易举地决定（谁能责怪它呢），让它的职员们分享感性的美神而不是精神的美神[1]。

这样逐渐消灭了个人的具体生活，由此以整体的抽象来苟延国家的卑劣存在。国家始终是异己于它的公民的，因为他们对于国家不会有任何感情。鉴于国家公民的多种多样，它不得不用划分等级来统治并通过代表间接地来感受人性。统治阶层最后完全看不到人性，把它混同于知性的单纯制成品，对于那些不太为他们本身讲话的法律他们则漠然置之。终于不愿再维系那种使人性与国家不能缓解的纽带，于是积极的社会（正像欧洲大多数国家的命运已经是这样的）分解成道德的自然状态。在这里公开的权力只是一个多数的政党，它受到使人性成为必要的那些人的憎恨和回避，而只受到缺少人性的人的尊重。

人性在这两种内在和外在压力下，能否采取与它实际上所不同的路线呢？当思辨精神在观念的王国中追求不可丧失的占有物时，它在感性世界中就必定成为不速之客，

---

[1] "感性的美神"和"精神的美神"原词为"地上的维纳斯"和"天上的维纳斯"——译者注。

并且为了形式而失去实质。由于各种形式而变得更狭窄，职业精神陷入在对象的单调圈子里，这样自由的整体必然从职业精神的眼中消失，同时使这一精神领域更加贫乏。所以，当前者（思辨精神）试图按照可以设想的东西改造现实的东西，并把它的想象力的主观条件上升到事物存在的构成法则时，后者（职业精神）却走向相反的极端，按照一种特殊的局部经验来评价一般的全部经验，企图使各种职业毫无区别地适合于它自身职业的规则。一个必定成为徒劳的精明的牺牲品，而另一个成为迂腐的局限性的牺牲品。因为前者在考察个别的东西时站得太高，而后者在考察整体的东西时站得太低。这种精神倾向不仅会危害到知识和创造，而且会扩大到感觉和行动。我们知道，心灵的感受性就程度而论与想象力的活跃性相关，就范围而论与想象力的丰富性相关。分析能力占主导地位必定剥夺了想象的激情和威力，对象领域的进一步限制必定减少了它们的丰富性。爱抽象思维的人往往具有一颗冷漠的心，因为他把印象分解了，而印象只有作为一个整体才能打动人的心灵。专业的人往往具有一颗狭隘的心，因为他的想象力限制在他的单调的职业圈子里，而不能扩大到陌生的表现方式中。

我这里只是要揭示现时代性格的不良倾向及其根源，而不是要指出自然所酬报它的好处。我可以向您担保，在对人性存在的这种肢解中，个体虽然得不到什么好处，然而非此方式类就不能取得进步。希腊人的人性无疑表现得最充分，它既不可能维持在这一阶段，也不可能进一步提高。其所以不能维持下去，是因为知性通过已经积累的贮备必定要由感觉和直观中分离出来并力图达到认识的明确性；其所以不能进一步提高，是因为一定程度的明确性只能与一定程度的丰富和热情相适应。希腊人达到了这种程度，如果他们要向前达到更高的教养，那么他们必须像我们一样，放弃他们生存的完整性，分别去不同的道路上追求真理。

要发展人的多种素质，除了使它们相互对立之外，别无它法。各种能力的这种对立是文化教养的重大手段，但也仅仅是手段而已，因为只要存在这种对立，人就只是处于通向文化教养的途中。只有把人身上的各种力量隔离开来并冒领单独的立法权，使它们与事物的真实相矛盾，才能迫使一般安于事物外部现象的常人见解深入到对象的深处。当纯粹知性在篡夺感性世界的权威时，经验知性却忙于使纯粹知性服从于经验的条件，这两种素质达到尽可能成熟并占据了其领域内的全部范围。当一方面想象力敢于通过它的恣意放纵去瓦解世界秩序时，另一方面它就迫使理性上升到认识的最高源泉，并求助于必然性的规律来对抗这种想象力。

片面地训练这些能力当然不可避免地会导致个体的谬误，但是却使类达到真理。由此只是把我们精神的全部能量集中在一个焦点上，把我们全部的本质汇合到一种个别的能力上，如同我们为这个个别的能力插上翅膀，使它人为地远远飞越自然似乎已经为它确定好的界限。诚然，就整体而论，任何个人都不可能用自然所赋予他的目力观测到用天文望远镜才能发现的木星的卫星。如果不是理性分散到个别承受它的主体身上，人的思考力绝不会提出对无限的分析或对纯粹理性的批判，就好像把它从各种素材中取出用高度的抽象来加强观察无限的能力。但是，这样一种分解成纯粹知性和纯粹直观的精神是否能够用想象力的自由活动来替代逻辑的严密束缚，用真诚纯洁的感官来领会事物的个性？在这里自然也为全面的天才确立了一个不可逾越的界限，只要哲学家还把反对谬误当作他的最高尚的职责，真理就成了殉道者。

不论世界作为一个整体由这种人的能力的分隔培养中

获得多么大的好处，但仍然不能否认，接受这种培养的个体在这种以世界为目的的灾难中仍要蒙受痛苦。通过体育训练虽然培养了强壮的身体，但是只有通过自由而匀称的游戏才能培养肢体的美。同样，个别精神能力的紧张活动可以培养特殊人才，但是只有精神能力的协调提高才能产生幸福和完美的人。

如果人性的培养必须做出这种牺牲，那么我们将与过去和未来的时代处于什么关系中呢？我们曾经是人性的奴仆，我们为了它从事了几千年的奴役劳动，我们的被摧残的本性印下了这种服役的屈辱的痕迹——以便让后世盼到幸福的安乐和道德的健康，并使他们的人性自由地发展。

但是，人为此而注定会错过某一目标吗？难道自然会由于它的目的而夺走理性本身规定给我们的完整性吗？为了培养个别能力而必须牺牲它的整体，这样做肯定是错误的。抑或当自然规律还力图这样做时，我们有责任通过更高的教养来恢复被如此教养破坏了的我们的自然（本性）的这种完整性。

# 第七封信

或许应该期待国家起到这种作用？这是不可能的，因为国家如同它现在的情况那样正是这个祸首。至于理性在它的观念中所设想的国家，不可能作为更好人性的基础。相反，它只能建立在更好人性的基础上。因此，我要把现在的探讨转回到我曾经搁置了一段时间的那个问题上。现时代远没有为我们提供作为国家道德改善必要条件的那种人性形式，为我们展示出来的却正是它的反面。如果我提出的各种原则是正确的，并且经验证明了我对现时代的描述，那么除非是达到人的内心不再分裂、人的本性充分发展，从而能使他自己成为设计师并保证人的现实成为理性的政治创造物。否则，我们仍然会把这种国家改革的各种尝试看作不合时宜，而把建立在这一基础上的希望看作是幻想。

自然在它的天然创造物中为我们描绘了人们达到道德状态的道路。在低级组织中原始力量的竞争缓和下来之前，自然就不会提高到自然人的高贵教养。同样的，只有当在伦理的人的身上原始冲突、盲目本能的对抗平息下来，在人身上粗野的对立已经停止时，人才能发展他的多样性。另一方面只有当人的性格的独立性得到了保证，只有使对他人专制形式的屈从让位给庄严的自由时，人才能够使他内在的多样性服从理想的统一性。在自然的人还无规律地滥用他的恣意专横的地方，人就几乎不可能表现出他的自由。在有教养的人还很少应用他的自由的地方，人就不能从自己身上去掉这种恣意专横。如果使自由的原则与不安定的力量结合在一起并加强了已经自负的自然力量，那么自由原则的馈赠就成为对整体的叛卖。如果把它与盛行的软弱和自然的局限联系起来，因而熄灭了主动性和个性最后闪现的火花，那么和谐的法则就变成了反对个人的专制暴政。

时代的性格必须首先从它深陷的劣根性中复元。一方面要排除自然的盲目力量，另一方面要恢复它的质朴、真实和丰满，——这个任务不是一个世纪就能完成的。我承认，在此期间个别地方的一些尝试可能成功，而在全局上不会由此而有所改善。行为的矛盾将始终证明准则的不统一。在世界的其他地区，人们可能尊重黑人的人性；而在欧洲，人们却亵渎了思想家的人性。[1]旧有的各种原则依然存在，它却穿上了时代的服装，哲学借用了教会的名义进行以前教会所批准的压迫。一方面出于对自由的恐惧（在其最初的试探中自由总是被当作敌人），人们投入了奴役的安逸怀抱；另一方面出于对迂腐的监护职责的绝望，人们逃进了自然状态的野蛮的无拘无束之中。篡夺是以人性的软弱为借口，暴力是以人性的尊严为借口，直到最终一切人间事物的伟大统治者——盲目力量介入并像在普通的拳击中那样来裁决这些原则的表面冲突。

---

1 这里是指北美的黑人解放斗争和欧洲对卢梭的迫害——译者注。

# 第八封信

因此，哲学是否应该怯懦地、毫无指望地由这一领域中撤退呢？正当形式的统治在向每一其他方向扩展时，却让这个一切财富中最宝贵的东西受到无形的偶然的支配？在政治世界中盲目力量的冲突应该永久继续下去而社会的法则永久不能战胜敌对的自私自利吗？

绝不能这样！理性本身虽然并不打算与这种抵御了理性进攻的粗暴力量进行直接的格斗，不像萨图恩的儿子在伊利亚特诞生于凄凉的战场上是为了进行个人的格斗。但是理性由战士中间挑选了最相称的人，像宙斯对他的子孙那样，为他披挂上神性的武器，并通过他的决胜的力量获取伟大的结局。

理性完成了它所能完成的事业，当它寻求并提出法则时，勇敢的意志和活跃的情感必须去执行这一任务。如果真理要在与各种力量的斗争中取得胜利，那么它本身必须拥有力量，并找到一种冲动成为它在现象的王国中的拥护者。因为各种冲动是感觉的世界中仅有的能动力量。如果说真理到现在还不能证明它有决胜的力量，那么问题不是出在不懂得揭示真理的知性，而是出在仍然对真理关闭着的心灵，还出在没有去为真理而行动的冲动。

在哲学和经验点起的烛光面前，怎么还会有偏见和模糊思想的普遍统治？时代受到启蒙，也就是说，知识被发现了并公开揭示出来，它至少足以修正我们的实践的原则。自由探讨的精神排除了那些长期阻碍着通向真理道路的虚妄概念，并挖掉了狂热和欺骗赖以建立王座的基础。理性消除了感性的迷误和欺诈的诡辩，曾经使我们背弃自然的哲学本身又在大声急切地召唤我们回到自然的怀抱——为什么我们总还是野蛮的人？

在人的心灵中——因为它不在于事物中——还存在某些阻碍接受真理的东西（尽管真理是非常明确的），还存在某些阻碍承认真理的东西（尽管真理可以得到生动的确证）。一个古代智者察觉到这一点，这个道理就隐含在这一富有意义的格言中：Sapere aude[1]（敢于做贤明的人）。

要敢于做贤明的人！要克服自然的惰性与心灵的怯懦为教养所设置的障碍，就要有勇气和力量。古老的神话说，全能的智慧女神是从朱庇特的头颅中诞生的，这不是没有意义的。因为她最初的活动就是战斗性的。在她的诞生中已经与感性打了一场硬仗，因为感性不想由自己甜蜜的安息中被夺走。大多数人在与困苦的斗争中感到疲惫不堪，以致不能在与谬误的新的艰巨斗争中再振作起来。如果他自己逃避艰苦的思想劳作，满足于让别人替他思考出观点，遇到了他内心激起更高的需求时，那么他就会以渴望的信赖接受国家和僧侣们在这种情况下所准备好的公式。如果这种不幸的人值得我们同情，那么另一些人就会受到我们正当的蔑视。一种更好的命运使他们摆脱了需求的枷锁，但是他们自己的选择却继续屈从于需求。这些人不要真理的光芒，却宁可要模糊概念的空想：这种真理的光芒会驱散他们梦幻的快慰的盲目作品，而在模糊概

---

[1] 贺拉斯（公元前65—前8年）书简体诗歌中的话——译者注。

念的虚幻中人感到更活跃，想象力可以随心所欲地构成适意的形象。正是在这种应该为知识所澄清的迷惘之上，他们建起了自己幸福的整个大厦。真理剥夺了他们具有价值的一切，难道他们应该为此付出这样大的代价？他们要成为贤明的人就必须爱智慧，为哲学起名的人已经意识到这一点。[1]

因此，认为一切知性启蒙所以值得重视只是在于它对性格的反作用，这是不够的。在一定程度上这种启蒙还要由性格出发，因为必须经过心灵才能打开通向头脑的道路。感受能力的培养是时代最急迫的需要，这不仅因为它是一种改善对人生洞察力的手段，而且因为它本身就会唤起洞察力的改善。

---

[1] 此系依照毕达哥拉斯的说法——译者注。

# 第九封信

然而，这里不是构成了一个循环？理论的教养应该推动实际的教养，而实际的教养却是理论教养的前提条件？政治领域的一切改善都应该来自性格的高尚化——但是在一种野蛮的国家制度的支配之下，人的性格怎么能够高尚化呢？为此我们必须寻求一种国家没有为我们提供的工具，去打开不受一切政治腐化污染保持纯洁的源泉。

现在我达到了所有我至今的考察所致力于此的那一点。这一工具就是美的艺术，在艺术不朽的范例中打开了纯洁的泉源。艺术，像科学一样，摆脱了一切独断的和人的成见所产生的东西，两者都为绝对避免了人的恣意专横而感到欣慰。政治立法者可以封闭这两个领域，但却不能在这两个领域中支配一切。他可以驱逐真理之友，但真理却永在。他可以侮辱艺术家，但却不能伪造艺术，没有什么东西比科学和艺术更忠于时代精神的了。创作者的审美趣味接受着批评家的审美趣味的法则。在性格变得严峻而僵化的地方，我们就可以看到，科学严守着它的疆界，艺术却陷入规则的沉重桎梏中。在性格软弱而松弛的地方，科学就尽力去讨人喜欢，而艺术就尽力供人消遣。多少世纪以来哲学家和艺术家一直在努力，将真理和美灌输到普通人性的深处。他们淹没在时代的洪流中，而真理和美却以不可摧毁的生命力胜利地显现出来。

艺术家虽然是他的时代的儿子，但如果他同时是时代的门徒甚至是时代的宠臣，那对他就不幸了。慈善的神性把婴儿及时地由他母亲的胸前夺走，用更好的时代的乳汁来喂养他，并让他在遥远的希腊天空下达到成熟。当他成人以后，他以一种不同的姿态回到他的世纪。然而并不是由于他的出现使世纪高兴，而是像阿伽门农[1]的儿子那样可

---

[1] 阿伽门农，为迈锡尼王，曾发动特洛伊战争，为希腊联军的统帅。——译者注

怕，他是为了使时代纯洁化。艺术家的素材虽然是由现时代取得的，而他的形式却是从一个高贵的时代甚至由一切时代的彼岸取得，从他的本质的绝对不变的统一中取得。这里从他的世外的自然的纯净气氛中涌流出没有沾染转动在脚下昏暗旋涡中这代人和时代之腐化的美的清泉。时代情绪可以玷污它的素材，也可以使素材高尚化。但是，纯洁的形式却可以避免这种变化。公元一世纪的罗马，当神的石像还竖立在那里的时候，人们已经长期屈从于他们的皇帝；当神灵早已成为笑柄时，寺庙在人们眼里依然是神圣的。尼禄[1]和康茂德[2]的丑行在为它们提供了遮盖的建筑物的高雅风格面前也感到羞辱。人性失去了它的尊严，但是艺术拯救了它，并把它保存在有意义的石料中。真理在虚构中永生，由复制品中又可以重新现出原型。正如高贵的艺术比高贵的自然活得更久，由灵感塑造和唤起的艺术也走在自然之前。在真理把它胜利的光亮投向心灵深处之前，形象创造力截获了它的光线；当湿润的夜色还笼罩着山谷，曙光就在人性的山峰上闪现了。

---

[1] 尼禄（公元37—68年），古罗马朱里亚·克劳狄王朝的暴君，于公元54—68年执政，后被迫自杀。——译者注

[2] 康茂德（公元161—192年），古罗马安敦尼王朝最后一个皇帝，极端残暴，于180—192年执政，后被杀。——译者注

艺术家怎样在包围他的时代的堕落面前保护自己呢？那就要蔑视时代的判断。他按照他的尊严和法则向上看，而不是按照运气和日常需求向下看。摆脱开意愿在短暂瞬间留下自己痕迹的无效的忙碌以及把绝对尺度用于时代贫乏的产物上的急不可待的狂热精神，他把现实的领域留给在这里本地成长的知性，而他致力于由可能性与必然性的结合中产生出理想。他把理想铭刻在虚构与真实中，铭刻到他的想象力的游戏里以及他的行动的真情实意中，铭刻在一切感性和精神的形式里并默默地把理想投入无限的时代中。

但是，不是每一个在心灵中燃起理想火花的人，都能以创造的沉着和巨大的忍耐力把理想铭刻到沉寂的石料上或注入审慎的言词中，把理想委托给时代的忠实之手。用这种平和的手段把神性的创造冲动直接加到现时代和实际生活中，试图把无形式的素材转化为道德的世界，这样做是过分急躁了。对富于感受性的人说来，他可以更深切地体会到他的类（种族）的不幸和它的屈辱，燃烧起热情，炽烈的欲望在充满力量的心灵中急不可待地要求行动。但是他也要自问，道德世界的这种混乱是否冒犯了他的理性，或者是否使他的自爱之心感到痛苦？如果他还不知道答案，那么他将急于去了解，他怎样能取得确定的和更快的效果。纯粹的道德冲动是指向绝对事物的，对于它来说时间不再存在，只要未来能由现在发展而来，未来就成为这种冲动的现在。在毫无限制的理性面前，有了方向也就有实现可能；只要选定途径，那么道路就一定可以畅通无阻。

我将回答想要从我这里了解有关真理和美的年轻朋友，正是他顶着自己世纪的各种阻力去满足他胸中这种高贵的冲动。你要指出你为之奔波的世界走向善良的方向，从而使时代的平和的节奏得以发展。如果你通过教育把时代的思想提高到必然和永恒，如果你通过行动或形象创造把必然和永恒的事物转化为时代冲动的对象，那么你就给世界指出了方向。迷惘和恣意专横的大厦就要倒塌，它必定要倒塌，只要你确信它已经倾斜了，那么它就要倒塌。它不仅从人的外部而且从人的内心中倒塌下去。你应该在你的朴素的心灵中抚育起决胜的真理，把它从你的心里显示到美的世界中去。这样不仅你的思想可以忠于它，而且你的感官也能爱抚地获取它的外观。当它在你的心灵中确立了理想的结果之前，不要让它与现实世界发生危险的交往，以免从现实世界接受你所要确立的榜样。你应该同自己的世纪一起生活，但不要成为它的产物。给予你的同时代人以他们所需要的东西，而不要给予他们所赞赏的东西。不要去分担他们的过错，而要以高贵的顺从去分担他们的困难，自由地屈身于他们所难以逃脱又难以承担的奴役。以你回绝他们所追求的幸福的那种坚毅的勇气去证明，并不是由于你的怯懦才去分担他们的苦恼。当你对他们施加影响时，你要按照他们应该的样子来设想；当你试图为了他们而去行动时，你要按照他们实际的样子来设想。通过他们的尊严去寻求他们的赞同，但是他们的幸福却是由于他们的无价值。因此，在前一种情况下用你自己的高贵去唤起他们的高贵，在后一种情况下他们的低下并不会泯灭你的目的。你的原则的严肃性会使他们对你感到畏惧，但是在游戏中他们就会默认这些原则。他们的鉴赏力比他们的心灵更纯洁，在审美趣味的世界里你必须抓住胆怯的逃兵。你将徒劳地攻击他们的准则，徒劳地指责他们的行动。但是你可以就他们的怠惰显示一下你创造形象的身手。你应该由他们的享乐中驱散任性、轻浮和粗俗，那么你就潜移默化地从他们的行动中并最终从他们的志向中驱除了这些劣根性。到那时你会发现，在他们周围充满着高贵、伟大和精神丰富的形式，到处环绕着优异的象征，最后直到外观显现战胜现实，艺术战胜自然（本性）。

# 第十封信

您与我在这一点上是一致的，通过我前面书信的内容可以确信，人会离开他的使命走上两条不同的道路，我们的时代实际上正游荡在这两条歧途上，或者成为粗野的牺牲品，或者成为懒散和堕落的殉葬品。应该通过美把人由这两条歧途引上正路。美的文化何以能同时对付这两种不同的弊端，把这两种矛盾的特性统一到自身？它能够在原始的人那里使自然（本性）受到束缚，在未开化的人那里使自然（本性）获得自由？它能否同时达到紧张和松弛？——如果它实际上不能做到这两点，那么怎么能期待它完成人性培养这样巨大的职能？

诚然，我们已经对这种观点听厌了，就是说发达的美感可以改良习俗，这似乎不再需要什么新的论证。人们依靠日常的经验证明，经过教养的鉴赏力通常是同知性的明晰、情感的活跃、思想的自由以及行为的庄重联结在一起的，而缺乏教养的人却与此相反。人们十分确信地援引古代一切最有教养民族的例证，在这些民族那里美的情感同时达到了其最高度的发展，而在原始的民族或者野蛮的民族那里却不乏相反的例证，由于粗野或冷酷的性格而对美表现出不敏感。尽管有时一些思想家会出现这样一些念头：或者否定这一事实，或者怀疑由此得出的结论的正确性。他们并不把人们对无教养民族所指责的那种原始性看得如此之坏，也不把人们称赞有教养民族的这种文化教养看得如此之好。在古代已经有人把美的文化看作并非善行，因此很想防止想象力的艺术进入他的共和国。[1]

我指的并不是那种只是因为没有受到它的恩惠而贬低优美女神的人。这些人除了获取物品的辛劳和实际的利益之外不知道有别的价值尺度——他们怎么可能赞赏在人的

---

[1] 参见柏拉图的《理想国》——译者注。

外部和人的内心鉴赏力暗中的劳作，并在美的文化的偶然缺陷中不忽视它们的重大优点？缺乏形式的人把演说用词的优美蔑视为笼络，把交往中的高雅蔑视为虚假，把行为中的周详和崇高蔑视为言过其实和装模作样。这种人不会为此而原谅优美女神的宠儿——后者作为社会活动家使所有社交圈子活跃起来，作为实业家使所有头脑都倾向于他的意图，作为作家使自己的整个世纪都铭刻上他的精神，而前者作为勤奋战役的牺牲者以他的全部知识也不能引起任何注意，不会为他而树立一砖一石。因为他绝不会从后者那里学会使人快慰的独特秘诀，所以留给他的除了对喜爱外观胜于喜爱本质的人性反常的惋惜之外，没有别的什么了。

但是有一些人的观点还是值得重视的，他们否定美的作用并从经验中找出了难以对付的根据。[1]他们说："无可否认，美的魅力在好人那里可以达到值得称赞的目的，但是它不会违背自己的本质，在坏人那里正好产生相反的结果，把它对心灵的吸引力用于错误和非正义的事。其所以如此，是因为鉴赏力只注重形式而不注重内容，从而最终

---

1 可能是指卢梭的观点。见卢梭《论科学与艺术的复兴是否有助于使风俗日趋纯朴》一文——译者注。

它给心灵一种危险的倾向，完全忽视一切实在，为了一件迷人的外衣而牺牲了真理和道德，使事物失去了一切实质的区别，只有外观决定它的价值。"他们接着指出："许多有才能的人并没有因为美的诱惑力而脱离开严肃和努力的活动，至少他们没有被引诱去轻率行动！许多薄弱的知性仅仅为此而与公民的习俗相矛盾，因为诗人的想象力喜欢这样确立一个世界，使其中的一切都迥然不同。在这里没有任何习惯限制着观点，没有任何技艺压制着自然。自从各种情欲在诗人的描绘中以最显眼的色彩加以炫耀，在与法则和义务的斗争中通常取得了阵地，难道各种情欲没有学会任何危险的辩论术？现在美为通常由真理支配的社会交往提供法则，外在的印象决定了只有靠贡献才能引起的尊敬，在这里社会究竟获得了什么呢？诚然，人们看到现在各种道德正在兴起，它们在现象中产生了显著的效果并在社会中被赋予一种价值，但是由此使一切纵欲蔓延，所有恶习流行，它们都披上了一种美的外衣。"这实际上肯定会引起沉思，人们几乎在每一个艺术繁荣、鉴赏力支配一切的历史阶段都会发现人性的堕落，但也可以举出并非个别的例证，说明在任何一个民族中审美文化的高度发展和极大普遍性与政治的自由和公民的道德、美的习俗与善的道德、行为的光辉与行为的真理都是携手并肩而行的。

在雅典和斯巴达还保持着自己的独立,他们对法则的尊重作为他们国家体制的基础时,鉴赏力还不成熟,艺术还处于它的童年,还远远地不能达到美支配人们的心灵的地步。虽然诗歌艺术已经达到一个崇高的境地,但只是靠了天才的翅膀。我们知道这种天才是与未开化直接接壤的,是在昏暗中才闪现的光芒。这证明了它不是赞成自己时代的鉴赏力,而是反对自己时代的鉴赏力。当在伯里克利[1]和亚历山大时期[2]艺术的黄金时代到来时,鉴赏力的统治扩大到更普遍的范围,人们再也找不到希腊国家的力量和自由:雄辩冒充真理,在苏格拉底[3]的嘴里辱没了智慧,在福基翁[4]的生活中辱没了道德。我们知道,罗马人首先要把自己的力量全部用到国民的战争中,在我们看到希腊艺术战胜了他们性格的刚强之前,他们受东方奢侈的影响而失去了势力,屈从于一个幸运君主的奴役之下。阿拉伯文

---

1 伯里克利(公元前495—前429年),古希腊雅典的政治家,曾为雅典最高领导者,推行奴隶主民主制,使希腊达到极盛时期——译者注。
2 公元前三世纪希腊化时期由亚历山大建立的马其顿帝国,曾使希腊版图大为扩张——译者注。
3 苏格拉底(公元前469—前399年),古希腊哲学家,继承和发展了诡辩学派的唯心主义思想——译者注。
4 福基翁(公元前402—前318年),雅典将军、政治家,后被民主派处死——译者注。

化的曙光也是出现在他们战争精神的力量在阿拔斯王朝的基础衰败下来以后。在近代的意大利，美的艺术也是出现在伦巴第[1]的神圣联盟破裂之后，佛罗伦萨服从于美第奇家族[2]；当那些勇敢的城市独立的精神让位于不光彩的屈服时就出现了美的艺术。进一步举出现代国家的例证，说明在同样的情况下随着国民独立性的终结而增加了文化的教养，这就完全是多余的了。在古代世界中我们的目光投向哪里，我们就会在哪里发现鉴赏力和自由是相互回避的，美只是在英雄道德堕落时才建立起它的统治。

这种往往以牺牲审美教养为代价的性格力量正是人身上所有伟大和卓越的最有效的原动力，它的缺少是任何巨大优点都不能补偿的。如果我们只从现在的经验中认识美的影响力，那么我们肯定不会以极大气力去发展对人的真正教养有威胁的情感。人们宁肯不顾粗野和僵化的威胁而放弃美的融合力，也不愿意看到尽管有教养的各种优点而遗留下它的庸碌无为的后果。但是按照法官的经验不应该这样，在法官面前裁决这个问题必须在人们审视证据以前，首先确定我们所谈论的与那些例证所证实的是否是同

---

1 伦巴第为意大利北部的城市——译者注。
2 美第奇家族曾为意大利佛罗伦萨地区的名门望族——译者注。

一个美。看来首先要确定美的概念，这一概念除了根据经验之外另有其他来源。因为通过这一概念才能知道，在经验中称为美的东西是否有理由承受美这个名称。

如果需要指出这一概念的话，那么美的纯粹理性概念只能——因为它不能由实际事例中取得，而是要靠它来校正和指导我们对各种实际事例的判断——用抽象的方法去寻求，并可以由感性—理性本性的能力中推论出来。总之，美只能表现为人性的一种必然条件。我们现在必须提高到人性的纯粹概念上，因为经验只是说明个别人的个别状态，而绝不能表现出人性。因此，我们必须由它的这种个别的、变化着的表现方式中揭示出绝对的和不变的东西，尝试着通过去掉一切偶然的限制来把握人性存在的必然条件。虽然这种先验的方法会暂时使我们脱离现象的熟悉的圈子和事物的生动显示，而停留在抽象概念的纯粹领地。但是，我们是要寻求认识的不可动摇的牢固基础，谁要是不敢突破现实，他就绝不会赢得真理。

# 第十一封信

若尽可能地加以高度抽象，就达到两个终极的概念，它们使抽象终止并见出其区分的界限。在人的身上可以区分出一种持久的东西和一种经常变动着的东西，持久的东西称为人格，变动着的东西称为状态。人格和状态——即自我和他的规定性——只有在必然的存在物中我们才能把这两者看作是同一的，而在有限的存在物中则永久是两个东西。状态在人格的不变中变化，人格在状态的变化中不变。从休息到活动，由慷慨激昂到漠不关心，从和谐到矛盾，我们始终保持着我们自己的样子。在绝对的主体中，是以人格保持着他的全部规定性的不变,因为这些规定性就是来自人格。神性所具有的一切,人格也都具有,因为它就是人格。它之所以具有永恒的一切,因为它就是永恒的。

作为有限存在物的人,人格与状态是不同的。因此,既不能以人格作为状态的基础,也不能以状态作为人格的基础。如果是后一种情况,人格就变化了;如果是前一种情况,则状态就不变了。在这两种情况下,就不存在人格和有限性了。不是因为我们有思维、欲望和感觉,我们才存在;不是因为我们存在,我们才有思维、欲望和感觉。我们有感觉、思维和欲望,是因为在我们之外还存在着别的东西。

因此,人格必然有它自己的根据,因为不变的东西不能由变化中产生,这种对我们第一位的东西就是绝对的、以自身为基础的存在的观念,即自由。状态必然也有它的根据,它不是通过人格去实现的,所以不是绝对的,这种对我们第二位的东西就是一切赖以存在或形成的条件,即时间。"时间是一切形成的条件",这是同一个命题,因为它所说明的无非就是"生成是某些事物产生的条件"。

人格只显示在永恒不变的自我中,它是不能形成的,不能在时间中开始。因为正好相反，时间是在人格中开始，因为必须有固定不变的东西才能作为变化的根据。如果存在着变化，那就必须有一些东西在变动，这些东西本身不能已经变完了。当我们说花开花落时，那么我们是把花看作这种变化中不变的东西，用它来比作人格，在它身上表现出（花开、花落）两种状态。毫无疑问，人是形成的，因为人不单纯是一般的人格，而是处于一定状态下的人格。然而，所有的状态、所有确定的存在物都是在时间中形成的，因此人作为一种现象必然有一个开始，尽管他身上的纯粹理智是永恒的。没有时间即没有形成，人就不会是确定的存在物，他的人格就只能存在于天赋中，而不会实际存在。只有通过他的持续不断的表现才能显现出不变的自我。

因此，人首先要感觉到最高智慧由它本身所创造的活动素材或实在，而且人们只有通过知觉把它们当作在空间上存在于自身之外、在时间上在自身之内变化着的东西，人才能感觉到它们。在他自身之内变化着的东西伴随着他的不变的自我——在各种变化中保持他的自我的始终不变。把各种知觉转化成经验，即转化成认识的统一体，把他的在时间中的各种表现方式构成适用于一切时间的规律，是通过他的理性本性所给予他的规则。只有当人变化时，他才存在；只有当人不变时，他的人格才存在。被想象成完美的人应该是在变化的潮流中本身永远保持不变的统一体。

诚然，现在不能形成一种无限的存在物，即神性，我们只能称它为神性的倾向，这种倾向的无限使命是神性最富特征的标志，即能力（所有可能的现实性）的绝对体现和表现（所有现实事物的必然性）的绝对统一。毫无疑问，人在他自身的人格中具有达到神性的天赋，达到神性的道路，如果我们可以把这条永远不能达到目标的路称作道路的话，在感性中已经为我们打开。

人的人格离开一切感性素材而就其本身看来只不过是一种可能具有无限表现的素质，只要人不观照和感觉，他就不过具有一种形式和空洞的能力。人的感性如果离开一切精神主动性而就其本身来看，只不过是一种素材，因为没有感性人就只是形式，而绝不会把人与素材结合在一起。如果人只感觉、只有欲望、只按照欲求行动，人就仍然不过是作为世界而存在，这里我们把世界理解为时间的无形式的内容。人的感性只是使他的能力成为起作用的力量，他的人格只是使人的作用成为他自身的作用。因此，为了不仅作为世界而存在,人必须赋予素材以形式;而为了不仅仅是形式,人必须赋予自己身上的素质以现实性。当人创造时间,并使变化与不变相对立,使人的自我的永恒统一与世界的多样性相对立时,他就实现了形式;当人再去排除时间,维持变化中的不变性,使世界的多样性服从人的自我的统一时,他就使素材具有了形式。

这就在人身上产生了两种相反的要求,它们是感性本性和理性本性的两种基本法则。前者要求绝对的实在性,它应该把凡只是形式的东西转化成世界,使人的一切素质表现出来;后者要求有绝对的形式性,它要把凡只是世界的存在消除在人的自身之内,使人的一切变化处于和谐中。换句话说,人要外化一切内在的东西,赋予外在的事物以形式,这两项任务的充分实现就可以归结为我们开始时提到的神性概念。

# 第十二封信

为了完成这两项任务，即把我们自身之内必然的东西转化为现实，并使我们自身之外现实的东西服从必然性的规律，我们受到两种相反力量的推动。因为它们推动我们去实现它们的目标，所以我们可以把它们恰如其分地称为"冲动"。前者称为感性冲动，产生于人的物质存在或他的感性本性。它把人置于时间的限制之内，并使人成为素材。不是给人以素材，因为这已经属于人格的一种自由活动，这种活动承受素材并与不变的自身区别开来。素材在这里无非是在时间中完成的变化或实在。因此，这种冲动要求有变化，要求时间具有内容。单纯占有时间的这种状态称为感觉，它只是由它本身表明人的物质存在。

因为所有在时间中的存在都是相继的，由此，一些事物的存在就排除了其他一切事物的存在。当人在乐器上弹奏一个乐音时，在所有可能发音的音符中只有这个音符是现实的。当人在感受现实时，他的规定的全部无限可能性就只限于这种个别的存在方式。在只有这种冲动起作用的地方就必然存在最大的局限。在这种状态下，人就只是一个量度单位，一种时间被占有了的瞬间——或者甚至可以说他不存在了，因为只要感觉统治着他，时间把他夺走了，他的人格也就被取消了。[1]

只要人是有限的存在物，感性冲动的领域就会不断扩大。因为所有的形式只有在素材上才能表现出来，所有绝

---

[1] 在感觉统治下的这种非独立状态，在语言中有一种非常恰当的说法叫魂不附体，就是说脱离了他的自我而存在。虽然它产生在感觉变成情欲时，这种状态由于长时间的持续而变得明显，因此只要人一感觉，他就处于自身之外。由这种状态回复到自我占有，我们同样可以恰当地称为回到自身，也就是说回到他的自我，重新建立他的人格。一个失去知觉的人我们不能说他处于自身之外，而只能说超出了自身，也就是说他的自我被剥夺了，因为他的自我只是不在他自身之内。因此，那种恢复知觉的人又获得了他的自我，用处于自身之外可以得到很好的说明。

——作者原注

对的事物只有通过限制作为媒介才能表现出来。因此，整个人性的表现都固定在感性冲动上。虽然感性冲动只唤起和发展了人性的素质，但它却不能单独地完成这种素质。感性冲动用无法割断的纽带把努力向上的精神捆绑在感性世界上，它把抽象从通向无限的自由行程上拉回到现时的界限之内。虽然思想可以暂时摆脱这种冲动，坚强的意志也可以成功地抵制它的要求，但是不久被压抑的本性就会重新要求它的权力，要求存在的实在，要求我们的认识有内容以及我们行动有目的。

第二种冲动我们称为形式冲动。它产生于人的绝对存在或理性本性，致力于使人处于自由，使人的表现的多样性处于和谐中，在状态的变化中保持其人格的不变。因为人格作为绝对不可分割的统一体绝不会与自己本身相矛盾，因为我们永远是我们自己，所以那种要求人格不变的冲动除了要求永久性之外别无它求。因此它为永远决定的东西和它为暂时决定的东西一样，它为现在所命令的东西和它为永久所命令的东西一样。因此它包括了整个的时间序列，这就是说它取消了时间和变化，它要使现实的事物成为必然的和永恒的，并且使永恒的和必然的事物成为现实的。换句话说，这种冲动要求真理和正义。

如果第一种冲动只造成事件，那么第二种冲动就提供法则——当它涉及认识时，就是各种判断的法则；当它涉及行动时，就是各种意志的法则。不论是我们认识一个对象，我们赋予我们主体的状态以客观有效性；或者是我们根据认识来行动，我们把客观事物作为我们的状态规定的根据——在这两种情况下，我们由时间的权限中夺去了这种状态，并使这种状态对一切人和一切时间都成为实在，也就是说具有普遍性和必然性。情感只能宣告：对于这个主体和这一时刻，它是确实存在的；而对其他主体和其他时刻，则可能取消当前感觉的这一判断。但是当思想宣告：这是存在的，那么它是永久的裁决，它的判断的有效性是通过人格本身来担保的，人格抵制了一切变化。爱好只能宣告：这对你个人和你现在的需要是好的。但你个人和你现在的需要将随着变化而消失，你现在所强烈追求的有一天会成为你所厌恶的对象。但是如果道德的情感宣告：这应该存在，因此它成为永恒的裁决——你是在认识真理，因为它就是真理；你是在执行正义，因为它就是正义。那么，你就是把个别的事实转化成适用于一切事实的法则，把你生命的一瞬间作为永恒来对待。

所以，在形式冲动支配一切和纯粹对象在我们内心起作用的地方，存在就无限地扩大，失去了一切限制，人由贫乏的感性所限定的数量统一体提高到容纳整个现象领域的观念统一体。在这一过程中我们不再处于时间内，而时间则以其整个无限的序列处于我们之中。我们就不再是个体，而是类。一切精神的判断都是通过我们自己作出的，一切内心的选择都是由我们的行动表现出来的。

# 第十三封信

乍看起来，这两种冲动的倾向相互间似乎是完全对立的，一种要求变化，另一种要求不变。这两种冲动就可以完全说明人性的概念，而能够调解这两种冲动的第三种基本冲动则是一种不可思议的概念。因此，我们怎样才能恢复被这两种原来根本对立的倾向似乎完全破坏了的人性的统一呢？

诚然，这两种倾向是互相矛盾的，但应该说明的是，它们不在同一个对象中。不相遇的事物是不会发生矛盾的。感性冲动虽然要求变化，但并不要求把变化延伸到人格及其领域,不要求改变原则。形式冲动要求统一和不变,但它并不要求状态也随着人格而固定不变,并不要求感觉是同一的。因此,它们在本性上并不是相互对立的。如果它们呈现出对立,那么只是由于它们本身误解了并搞乱了它们的领域而随意地超越了本性。[1]

　　文化教养的任务就是从这两者出发,确定这两种冲动

---

[1] 只要我们断定这两种冲动存在根源上的、必然的对立,那么除了使人的感性冲动无条件地服从于理性冲动之外,当然就没有别的办法使人获得内在的统一。但是由此只能形成单一性而不能产生和谐,人仍然总是被分裂了的。在它们之间肯定有隶属关系,但却是相互的:因为界限绝不会构成绝对的基础,所以自由绝不依存于时间。同样可以肯定,绝对绝不会通过自己本身建立界限,处于时间中的状态绝不可能依存于自由。因此,这两个原则同时是相互隶属又处于同等地位,也就是说,它们处于相互作用中:没有形式就没有素材,没有素材也就没有形式[相互作用的概念及其全部重要性,我们可以在费希特的《全部知识学的基础》(莱比锡,1794年)中找到透彻的分析]。我们当然不知道,在观念的王国中素材是怎样与人格相处的;但是我们肯定可以知道,在时间的王国中形式不依赖素材就不能表现它自己。在时间的王国中素材在规定事物时不仅在形式之下,而且与形式相并列而不依存于形式。因此在理性的领域内情感不能决定什么事情。同样必然地,在情感的领域中理性也不能擅自决定什么事情。因此,我们为两者分别判定一个领域,使两者相互分离开来并为自己确立一个界限,超越了它就会造成损害。

在先验哲学中一切都取决于摆脱了内容的形式和清除了一切偶然事物的必然的东西,在这里我们很容易习惯于把素材单纯看作是一种障碍,把感性设想为与理性必定是矛盾的,因为它正是在这类事物中成为我们的障碍。这种思维方式绝不符合康德体系的精神,但在康德哲学的语言中却完全可以找到。

——作者原注

各自的界限。因此，教养应该使两者具有同样的权力，不仅要对着感性冲动维护理性冲动，而且也要对着理性冲动维护感性冲动。所以文化教养的任务是双重的：首先提防感性受到自由的干扰，其次提防人格受到感觉力量的支配。通过培养情感功能来达到第一个任务，通过培养理性功能来达到第二个任务。

因为世界在时间上是扩展的、变化的，所以这种把人与世界连接起来的功能的完善性就必然具有充分变化和扩大的可能。因为人格是在变化中不变的东西，所以那种与变化相对立的功能的完善性必然具有最大的独立性和强度。人形成感受性的方面越多，这种感受性越敏捷，它对各种现象提供的感受面越大，人就可以越多地把握世界，并且人在自身中就可以越多地发展起他的素质。人格获得的力量和深度越大，理性获得的自由越多，人就可以更多地理解世界，他在自身之外就可以创造更多的形式。因此，人的教养就在于：一方面使人的感受功能与世界有最多方面的接触，从而在情感方面使受动性得到充分发挥；另一方面使确定功能保持对感受能力的最大独立性，并在理性方面使能动性得到充分发展。只要这两种特性结合起来，人就会兼有最丰满的存在和最高度的独立与自由，他自己就不会失去世界，而是以其现象的全部无限性将世界纳入到自身之中，并使之服从于他的理性的统一体。

这时人可能颠倒这种关系，由此而在这两方面都不能完成他的使命。他可能把能动力量表现出的强度置于受动力量上，使物质冲动优先于形式冲动，把感受功能当成确定功能。他可能把受动力量应该得到的范围给予能动力量，使形式冲动优先于物质冲动，用确定功能代替感受功能。在第一种情况下，人就绝不会是他自己了，在第二种情况下人就绝不会有什么变化了。因此，在这两种情况下他既不是前者也不是后者，而成为非实体了。[1]

---

[1] 过度的感受性对我们的思维和行动的不良影响是有目共睹的；而过度的理智性对我们的认识和行为的不良影响是否同样经常出现和同样重要则不是那么容易为人所看出的。因此，请允许我从大量这类例证中举出两个来说明：思考力与意志力的干扰对直观和感觉的危害。

为什么我们的自然科学发展得如此缓慢？其主要原因之一显然是对目的论的判断普遍而自发的爱好。在目的论判断中，只要在构成上应用了它，确定功能就会被感受功能所代替。自然界可能还如此强烈地多方面地触动着我们的感官，——它的所有多样性我们都失去了。因为我们在其中只寻找我们提出的问题，因为我们不允许它向着我们的内部运动，而我们只是以性急而超前的理性对着自然界的外部努力搜寻。

如果一个人出现在几百年后，他以平静、纯粹而明晰的感官接触自然界，那么他会遇到大量为我们已见到而忽视的现象。我们会感到惊讶，这么多眼睛在光天化日之下怎么会没有注意到这些。在我们把组成的各种声音汇合到一起之前，去急躁地追求和谐的努力，思维能力在不完全由它支配的领域中行使强权，这些是为科学的最大利益工作的许多思想家毫无成果的原因。很难说还有什么会比不接受任何形式的感性和拒绝任何内容的理性对我们知识的扩大危害更大的了。（转下页注）

如果感性冲动是确定功能，那么感性就成为立法者。世界压抑着人格，当世界成为力量时，那么它在这种关系中就不再成为对象。只要人只是时间的内容，那么他就不存在了并且因而不再具有内容。人的状态随着他的人格一起消失，因为两者是相互关联的概念。——因为有变化就

---

（接上页注）同样难于确定的是，我们的那些实际的博爱受到干扰和冷遇，究竟主要是由于我们欲望的强烈或我们的原则的坚定，还是主要由于我们感性的自私自利或我们理性的自私自利。为了使我们成为有同情心、助人为乐的、积极的人，必须使情感与性格相互一致起来。为了使我们创造经验，必须把感官的敏感性与知性的活力结合起来。当我们还没有能力在我们自身真正可靠地接受别人的本性，使我们适应于别人的环境，把别人的情感变成我们自己的情感时，我们怎么可能按照令人称赞的准则，比别人完美、善良和富有人性呢？这种功能一方面为我们受的教育所扼杀，另一方面为我们自己对自己的教育所扼杀，就如同我们在试图打破欲求的力量和按照原则确定性格时那样。因为在情感很活跃的情况下忠于他的原则是很难的，所以人掌握了一种更便当的方法，通过使情感迟钝来使性格更稳妥。因为在解除了武装的对手面前保持安定比制服更大胆而强有力的敌人要容易得多。在这个过程中大部分是关系到人的塑造，这不仅要改造人的外在特性而且要改造人的内心。这样塑造出来的人就不再具有或表现出粗陋的（自然）本性，同时针对着（自然）本性的一切感觉用原则武装起来，外在的人性或内在的人性就都不能影响他。

如果我们严格地以完善性的理想为基础来判断其他人或办事，那么这是十分有害的对完善性理想的滥用。前者（判断人）导致狂热，后者（办事）导致僵化和冷漠。如果人们在思想上用能够自立的理想的人代替需要我们帮助的现实的人，那么人们就非常容易完成自己的社会义务。对自己本身的严格与对别人的宽容相结合，就构成了真正优良的性格。但是大多数人对待别人宽容对自己也就宽容，对自己严格对别人也严格。然而对自己宽容却对别人严格则是最可鄙视的性格。

——作者原注

意味着有不变的东西，有有限的实在就意味着有无限的实在。如果形式冲动成为感受功能，也就是说思考力优先于感觉，人格被世界所取代，因此当人格排挤了对象的地位时，在这种关系中人格就不再是独立的力量和主体了。因为不变的东西要用变化的东西说明，绝对的实在要用界限来说明。只要人只是形式，那么他就不具有形式，并随着状态的排除也排除了人格。总之，只要人是独立的，实在就处于他的自身之外，他就是感受的。只要他只感受着，实在就在他自身之内，他就是一种思维着的力量。

因此两种冲动需要加以限制，并且只要把它们作为力量来看待，冲动就需要缓和。前者（感性冲动）不要进入立法的领域，后者（理性冲动）不要进入感觉的领域。感性冲动的缓和绝不能是肉体无能为力和感觉迟钝的结果，这在任何地方都是值得蔑视的。它只能是一种自由的行动，只能是人格的一种活动，这种活动通过道德的强度减轻了感性的强度，通过对印象的支配以去掉印象的深度而增加印象的广度。性格必然为气质确定界限，因为只有依靠精神才能使感性丧失。形式冲动的缓和同样不是精神的无能为力和思考力或意志力懒散的结果，这只能使人性恶化。感觉的丰富必然是它荣耀的源泉，感性本身必定要以决胜的力量维持它自己的领域，并抵制精神通过它的干扰活动所施加给自己的强制。总之，物质冲动必须靠人格维持自己的范围，形式冲动必须靠感受性或自然（本性）维持自己的范围。

# 第十四封信

我们现在接触到这两种冲动相互作用的概念。在这里一种冲动的作用同时就奠定和区分了另一种冲动的作用，每一种冲动正是通过另外一种冲动的活动而达到它的最高表现。

两种冲动的这种相互关系确实只是理性研究的课题，这一课题只有在人的生存的完善状态中才能完全解决。人的人性概念就这一术语的原义说来是无限的，人只能在时间的过程中不断地接近它，但却永远不能达到。"人不应该为了追求形式而牺牲他的实在，也不应该为了追求实在而牺牲形式。人应该通过确定的存在寻求绝对的存在，通过无限的存在来寻求确定的存在。人应该面对世界，因为他是人格；并且人应该是人格，因为他面对着世界。人应该感觉，因为他意识到自己；人应该意识到自己，因为他有感觉。"只要人孤立地去满足这两种冲动的某一种，或者只是一个接着一个地满足这两种冲动，那么他绝不会懂得，他按照这个概念怎么样才是充分意义上的人。因为只要他仅仅感觉，他的人格或他的绝对存在对于他就仍是一种秘密；只要他仅仅思考，他在时间中的存在或他的状态对他就仍是一种秘密。但是如果有这种情况：当人同时具有这两种经验，当他同时意识到他的自由并感觉到他的存在，当他同时作为素材感觉到而又作为精神认识到，那么在这些情况下并且只有在这些情况下，人才具有自己的人性的完整的直观，而为人提供了这种直观的对象对人来说就成了他所完成的使命的象征，因此成为无限存在的表现（因为这只有在时间的整体性上才能达到）。

假如这种情况能在经验中出现，它们就会在人的身上唤起一种新的冲动，其所以是新的冲动，因为另外两种冲动在人身上同时在起作用，它与其中每一种单独看来都是不同的，所以有理由看作是一种新的冲动。感性冲动要有变化，使时间具有一个内容；形式冲动要扬弃时间，使之没有变化。在这种新的冲动中那两种冲动的作用结合在一起（在我们没有论证这一名称以前，请允许我暂时把它称作游戏冲动）。游戏冲动的目标是在时间中扬弃时间，使形式与绝对存在相协调，使变化与同一相协调。

感性冲动要被规定，它要感受自己的对象；形式冲动要由本身规定，它要产生自己的对象。游戏冲动将致力于像它自己所产生的那样来感受，并像人的感官所感受的那样来产生。

感性冲动由自己的主体中排除了一切主动性和自由，形式冲动由它自身排除了一切依从性和一切受动。但是自由的排除是自然的必然性，受动的排除是道德的必然性。因此，两种冲动都强制精神。前者通过自然规律，后者通过理性的法则。在游戏冲动中两种冲动的作用结合在一起，它同时在道德上和自然上强制精神，因为它排除了一切偶然性，从而也就排除了一切强制，使人在物质方面和道德方面都达到自由。当我们怀着热情去拥抱一个我们理应鄙视的人时，我们就痛苦地感到自然（本性）的强制。当我们敌视一个值得我们尊敬的人时，我们就痛苦地感到理性的强制。只要一个人既能引起我们的喜爱，又能博得我们的尊敬，那么情感的压力和理性的压力就同时消失了，我们就开始爱他，也就是说，同时让爱好和尊敬在一起游戏。

此外，当我们在物质上受到感性冲动的强制并在道德上受到形式冲动的强制时，那么前者使我们的形式特性成为偶然，后者使我们的物质特性成为偶然。也就是说，我们的幸福是否与我们的完整性相一致，或者我们的物质特性是否与我们的形式特性相一致，都成了偶然的。因此，将两种冲动结合在一起的游戏冲动，将同时使我们的形式特性和我们的物质特性成为偶然，同时使我们的完整性与我们的幸福成为偶然。正因为游戏冲动使两者成为偶然的，因为偶然性随着必然性的消失而消失，所以它将扬弃两者中的偶然性，把形式纳入素材，把实在纳入形式。它愈对感觉和情感产生动态影响，它就愈使感觉和情感符合理性的观念；它愈从理性的法则中排除道德的强制，也就愈使理性的法则与感性的兴趣相协调。

# 第十五封信

我沿着一条沉闷的旅途把您引向我所接近了的目标。如果您愿意跟我继续迈出几步，就会展现出一个更加宽阔的视野，为了这一生动的前景也许是值得付出旅途辛劳的。

感性冲动的对象用一个普通的概念来说明，就是最广义的生活。这个概念指全部物质存在以及一切直接呈现于感官的东西。形式冲动的对象也用一个普通的概念来说明，就是同时用本义与引申意义的形象，这个概念包括事物一切形式方面的性质以及它与各种思考力的关系。游戏冲动的对象用一个普通的概念来说明，可以叫作活的形象。这个概念指现象的一切审美性质，总之是指最广义的美。

按照这种解释，如果美是这样的话，那么它就既不扩大到整个生物界，也不只限于生物界。一块大理石，尽管是而且永远是无生命的，却能由建筑师和雕塑家把它变为活的形象。一个人尽管有生命和形象，却不因此就是活的形象。要成为活的形象，那就需要他的形象就是生命，而他的生命就是形象。只要我们只想到他的形象，那形象就还是无生命的，还是单纯的抽象；只要我们还只是感觉到他的生命，那生命就还没有形象，还只是单纯的印象。只有当他的形式活在我们的感觉里，他的生命在我们的知性中取得形式时，他才是活的形象。凡是我们判断人是美的时候，情况总是如此。

我们知道了在其结合中产生美的那些组成，但由此还不能说明美的产生。因为我们还需要懂得那种结合本身，我们对于这种结合正如对有限与无限之间的各种相互作用那样还缺乏研究。理性由先验的理由提出要求：在形式冲动与物质冲动之间应该存在某种联系即游戏冲动，因为只有实在与形式的统一、偶然性与必然性的统一、受动与自由的统一才完成了人性的概念。它必定提出这种要求，因为它就是理性。——因为它就其本质来说要求完满和排除一切限制，这一种或另一种冲动的单独活动不能完成人性的完整，并会造成人性的一种限制。因此只要理性表明，人性应该存在，那么它就同样由此提出这一规律：应该有美存在。经验可以回答我们，美是否存在；只要理性告诉我们有人性存在，我们就知道有美存在。但美可能是怎样的，人性可能是怎样的，则不论是理性还是经验都不能告诉我们。

我们知道，人不只是物质，也不只是精神。所以作为人的人性的完美实现，美既不能像那些过分执着经验证据的敏感的观察家所认为的那样单纯只是生命，现时代的鉴赏力总是想把美降低到生命，也不能像那些远离经验的艺术家和在解释美时过分受艺术需要影响而爱玄想的艺术家所认为的那样只是形象。[1]美是这两种冲动的共同对象，也就是游戏冲动的对象。这个名称是完全符合语言习惯用法的，游戏这个名词通常说明凡是在主观和客观方面都不是偶然而同时又不受外在和内在强迫的事物。在美的直观

---

[1] 柏克在《关于崇高与美的概念起源的哲学探讨》中把美变为单纯的生命。而独断论体系的拥护者就我所知却把美变为单纯的形象，他们排除了对这一对象的认识。这一点表现在艺术家拉菲尔·孟斯关于绘画鉴赏力的思想中。在这方面正如在其他方面一样，批判哲学为使经验回到原则、思辨回到经验敞开了道路。
——作者原注

中，心灵是处于规律与需要之间恰到好处的中点，正因为它介于这两者之间，它才避免了规律和需要的强制。物质冲动和形式冲动在它们的要求上都是真切的，因为在认识上，前者关系到事物的实在性，后者关系到事物的必然性；而在行动上，前者旨在生命的维持，后者旨在尊严的维护，两者都旨在真实与完美。当尊严与生命混为一体时，生命就无足轻重了。只要爱好开始起作用，义务就不再是强制的了。同样地，只要事物的现实、物质的真理与形式的真理、必然性的规律相结合，心灵就更自由地、冷静地接受它们。只要直观能够伴随真理，就不再感到抽象不易接受了。总之，当与观念相结合时，所有现实的东西就失去了它的难度，因为它变小了；当与感觉相接触时，必然的东西就失去了它的难度，因为它变容易了。

但是，你可能早就想要反驳我，说我把美当成单纯的游戏，将它与"游戏"一词通常所指的那些轻薄对象等量齐观，这不是降低了美吗？如果我们把它局限为单纯的游戏，那不是与作为教养工具的美的理性概念和尊严相矛盾吗？那不和游戏的经验概念相矛盾吗？这种游戏可以排除开一切审美趣味而存在，还单纯限于美吗？

在人的各种状态下正是游戏，只有游戏，才能使人达到完美并同时发展人的双重天性，但为什么把它叫做单纯的游戏呢？按照您的概念，您把这看成是限制，但是按照我已经证明的概念，我却把这看作扩展。所以我倒宁可反过来说，只有对于愉快的、良好的和完整的东西，人才是认真的。但是对于美，人却和它游戏。当然，我们在这里不能想到现实生活中流行的那种游戏，它通常只是针对真正物质的对象。但是，我们在现实生活中去寻找这里所谈的美也是徒劳的。现实存在的美配得上现实存在的游戏冲动，但是理性提出的美的理想也给出了游戏冲动的理想：这种理想应该显现在人的一切游戏中。

如果人在满足他的游戏冲动的这条道路上去寻求人的美的理想，那么人是不会迷路的。希腊人是在奥林匹克运动会进行力量、速度、灵巧的非流血竞赛中以及才能的高尚竞技中才感到欢欣，而罗马人却对被杀死的角斗士或他的利比亚对手的殊死角斗感到快慰，我们由这唯一特征就可以理解，为什么我们不从罗马那里寻求维纳斯、朱诺和阿波罗[1]的理想形象，而却要从希腊那里来寻求这些形

---

[1] 维纳斯为罗马神话中爱与美的女神；朱诺为天后，主神朱庇特的妻子；阿波罗为太阳神——译者注。

象。[1]理性现在要说：美不应只是生命，也不应只是形象，而是活的形象。也就是说，只要美向人暗示出绝对形式性和绝对实在性的双重法则，美就存在。因此理性也在说：人应该同美一起只是游戏，人应该只同美一起游戏。

终于可以这样说，只有当人在充分意义上是人的时候，他才游戏；只有当人游戏的时候，他才是完整的人。这一命题暂时看来似乎不合情理，当我们把这一命题用于义务和命运这两种严肃事情时，它将获得巨大而深刻的意义。我可以向您担保，它将会支撑起审美艺术和更艰难的生活技艺的整个大厦。然而只有在科学中这一命题才是意想不到的，在艺术以及希腊人的情感中、在他们最优秀的大师们那里，这一命题早就存在并在起作用。只是他们把本来应该在人间实现的东西移到了奥林帕斯山上。由这一命题的真理所引导，他们不仅使世人面颊上由辛勤和劳作所增添的皱纹以及使空洞面孔上展现的轻浮笑靥从幸福神的额头消失，并且摆脱了各种目的、义务、烦恼的困扰

---

[1] 只要我们比较一下（只限于现代世界）伦敦的赛马、马德里的斗牛、昔日巴黎的壮观景象、威尼斯的平底船赛、维也纳的动物喂养以及罗马科尔索欢快诱人的生活，那就不难细致地区别这些不同民族的审美趣味。这些国家的民间游戏比他们国家上层社会的游戏更加丰富多彩，这就很容易解释了。

——作者原注

而获得永恒的满足，使游手好闲和漫不经心成为诸神的令人羡慕的命运：只有更具有人性的名字才是最自由和崇高的存在。只要同时既消除了自然规律的物质强制又消除了道德法则的精神强制，在同时围绕这两个世界必然性的更高概念以及由两种必然性的统一中，他们才能获得真正的自由。在这种精神的鼓舞下，他们由自己理想的特征和爱好中同时去掉了意志的一切痕迹。更恰当地说，他们使这两者不能被分别见出，因为他们知道如何使两者结成紧密的联盟。由朱诺光辉容颜中告诉我们的，既不是优美也不是尊严，它不是单独的这两者，因为它同时是这两者。女神要求我们的景仰，而仙女般的女性则激起我们的爱。然而，当我们陶醉在天上的仁慈时，天上的自满自足又把我们吓住了。整个形象安息在自己本身之中，它是一个完整的创造物，当它在空间的彼岸时，没有屈从，没有反抗，它无需与各种力量相搏斗的能力，没有尘世所产生的弱点。通过优美不可抗拒的引诱以及通过尊严保持的距离，我们同时处于极大的安宁和激烈的运动状态中，它产生了那种令人惊异的激情。知性没有任何概念，语言没有任何名称可以用来表达这种激情。

# 第十六封信

我们已经看到，美是从两种对立冲动的相互作用中、从两种对立原则的结合中产生出来的，所以美的最高理想要在实在与形式的尽可能完善的结合与平衡里去寻找。这种平衡永远只是一种理想，它在现实中绝不可能完全达到。在现实中总是某一种因素比另一种因素占优势，经验界所能达到的最高成就只是在这两个原则之间摇摆，时而实在占优势，时而形式占优势。因此，理想中的美永远是不可分割的、独特的，因为平衡只能有一个，而经验中的美却不然，它永远是双重的。因为在摇摆中会以两种方式破坏平衡，不是偏于这边就是偏于那边。

我在前面的信中已经指出，由上面的论述也能以严格的必然性得出，由美可以同时期待产生松弛和紧张两种作用。松弛的作用可以使感性冲动和形式冲动各自安分守己，紧张的作用可以使两种冲动都保持其力量。但是从概念上讲这两种作用应该根本上只是一种。它应该通过维持两种本性均匀的紧张去达到松弛，它也应该通过维持它们均匀的松弛去达到紧张。它是由两种冲动相互作用的概念中产生的。由于相互作用，这两种冲动彼此制约着对方并同时受对方的制约，其最纯粹的产物就是美。但是，经验界不能给我们提供这样完美的相互作用的范例，而是或多或少以一方的优势造成另一方的不足，或以一方的不足造成另一方的优势。所以，凡是在理想美中只是由想象区别开的东西，在经验美中以实际存在而彼此不同。理想的美，尽管是不可分割的和单一的，但在不同的关系中却显示出融合性和振奋性。在经验界中存在一种融合性的美和一种振奋性的美。凡是把绝对纳入时间的界限、把理性观念实现于人性之中的时候，情况就是如此，而且永远会是如此。因此，爱思索的人只在心里思索道德、真理和幸福，而爱行动的人却只去做道德的事，只运用真理，只享受幸福的生活。把后一种人引导回到前一种人——使道德代替道德行为、知识代替所知道的事物、幸福代替幸福的体验，这就是体育和德育的任务，由美的对象产生美，这就是美育的任务。

振奋性的美并不能使人抵制粗暴和僵化的某些残余，同样融合性的美也不能使人防止某种软弱和无能。因为前者的作用是使精神既适应物质方面也适应道德方面。并且为了加强它的敏捷性，以便轻而易举地减少气质和性格对感受印象的阻碍，使温良的人性也会受到一种只有粗野本性才应遇到的压抑，这种粗野本性也具有一种仅仅自由的人格才会有的力量，因此我们在力量和充实的时代发现了与巨大和奇异相联系的观念的真正伟大以及与热情的极大迸发相联系的志向的崇高，人们在规则和形式的时代发现了本性经常地受到支配和压抑以及被超越和凌辱。因为融合性的美的作用是使精神在道德领域以及自然领域都得到松弛，所以同样容易遇到这种情况，由于欲望的干扰而把情感的力量窒息了，使性格也受到只是情欲才会遇到的力量消耗。因此，在这种所谓有教养的时代，人们往往看到把温情变成柔弱，把坦率变成肤浅，把精确变成空虚，把自由性变成随意性，把敏捷变成轻浮，把安详变成冷漠，而最令人鄙视的讽刺画与最美好的人性直接相邻。对于在素材与形式两方面都受到强制的人需要融合性的美，因为在他对和谐与优美开始敏感之前，他早已为伟大和力量所激励。对于沉醉在审美趣味中的人，需要振奋性的美，因为他在有教养的状态很容易失去他由粗野状态所带来的力量。

我相信，这已经解释和回答了在人们对美的影响和审美价值的判断中经常遇到的矛盾。如果我们考虑到在经验中有两种美，美的整个类的这两个方面能够证明，每一个只是其中特殊的一种，那么这种矛盾就可以得到说明了。只要我们对于这两种美相对应的人性的两种需要加以区分，也就解决了这一矛盾。只有当人们在思想上所具有的那种美和那种人性的形式相互融洽时，它们才变得合理。

我将沿着自然在与人的审美关系方面开辟的道路继续我的探讨，并把各种美提高到美的类概念。我将检验融合性的美对紧张的人所产生的影响以及振奋性的美对松弛的人所产生的影响，以便最后把两种对立的美消融在理想美的统一体中，就像人性的那两种对立形式消融在理想的人的统一体中那样。

# 第十七封信

只要问题是要从人性的概念中一般地推导出美的普遍观念，除了这一观念直接建立在人性的本质基础上并与有限的概念不可分割外，我们无需考虑人性概念的其他限制。我们不用考虑在实际表现中它所承受的各种偶然限制，直接由作为一切必然性源泉的理性中创造美的概念，与人性的理想一起我们同时获得了美的理想。

然而，现在我们由观念的领域回到现实的舞台，以便找到处于一定状态、具有各种局限的人，这种人不是原来由人的单纯概念产生的，而是由外在环境和他的自由的偶然应用中产生的。不论人性的概念在人的身上受到多少局限，这一概念的单纯内容已经告诉我们，整个说来它只能产生两种对立的偏向。如果人的完整性在于他的感性与精神力量的和谐能力，那么他可能或者由于缺乏和谐或者由于缺乏能力而实现不了这种完善性。在我们获得与此有关的经验证据之前，我们事先根据单纯的理性已经确信，我们所看到的现实的因而带有局限的人，或者由于各种力量的片面活动而破坏了人的本质的和谐，或者由于人的本性的统一是建立在他的感性和精神力量的单调松弛状态，而分别或者处于紧张状态或者处于松弛状态。正如现在所要证明的，这两种对立的限制将通过美而得以改善。在紧张的人身上恢复和谐，在松弛的人身上恢复能力，并以此方式按照人的本性使局限状态返回到绝对状态，使人成为自身完美的整体。

因此，现实中的美绝不否定我们在美的思辨中所确立的观念；只是在这里不像在我们依据人性的纯粹概念来确定它时那样自由。在经验的人身上美所遇到的素材是已经污染的和勉强的，当这种素材以其个体特性与美混为一体时，它就使美失去了美的理想的完整性。因此，美在现实中到处只是作为特殊的有局限的一个种类，而绝不是表现为纯粹的类。美在紧张的人身上失去了它的自由和多样性，在松弛的人身上失去了它的活力。我们现在熟习了它的真实特性，而不会为这种矛盾的现象所迷惑。与此不同的是，许多评论家由个别的经验来规定他们的概念，把人在其影响下所表现出来的缺点归咎于美。然而我们知道，正是人把自己个体的不完善性转移给了美，这种人由于他的主观限制不可避免地妨碍了美的完整，并把美的绝对理想降低到两种带局限的表现形式上。

融合性的美据认为适合于紧张的人，而振奋性的美则适合于松弛的人。如果一个人既受到感觉的强制，又受到概念的强制，那么我就把他称为紧张的人。在人的两种基本冲动中，每一种的单独统治对于他都是一种强制和暴力状态。只有在人的两种本性的共同作用中才有自由。由情感片面支配的或感性紧张的人可以通过形式来松弛并使之处于自由中。由规律片面支配的或精神紧张的人可以通过素材来松弛并使之处于自由中。为了满足这双重的任务，融合性的美将表现出两种不同的形态。首先它作为安详的形式使粗野的生活和缓下来，并为从感觉到思维的转化开辟道路。其次它作为活的形象，以感性力量装备起抽象的形式，使概念回到直观，使法则回到情感。它对自然的人产生前一种作用，对有教养的人产生后一种作用。但是，因为融合性的美在这两种情况下不能完全自由地支配它的素材，而取决于提供给它的是无形式的自然还是非自然的技艺。因此，在这两种情况下这种美还保持着自身来源的痕迹，在前者那里它更多地消失在物质生命中，在后者那里它更多地消失在单纯抽象的形式中。

美如何能成为一种手段，来消除上述两种紧张？为了使我们对此有个概念，我们必须试图研究它在人的心灵中的根源。因此，请您暂时停留在思辨的领域，以便永远地脱离这一领域并以可靠的步伐迈向经验的领域。

# 第十八封信

通过美把感性的人引向形式和思维，通过美使精神的人回到素材和感性世界。

由这一点似乎可以得出结论，在素材与形式以及受动与能动之间必然有一种中间状态，美使我们处于这种中间状态。实际上，绝大多数人由美本身也可以形成这一观念。只要人开始思考美的作用，所有经验都能说明这一点。但是另一方面，没有比这个观念更不一致和矛盾的了。因为在素材与形式、受动与能动、感觉与思维之间的距离是无限的，简直没有什么东西能够成为它们的中介。

我们现在怎样排除这个矛盾呢？美联结着感觉和思维的这两种对立状态，而在这两者之间又根本没有中介。前者是通过经验确立的，后者是直接通过理性确立的。

恰好美的问题就归结到这一点，如果我们能够满意地解决这个问题，那么我们就能找到线索，它可以带领我们通过整座美学的迷宫。

但是这里关系到两种极其不同的推论方式，它们在这一探讨中必然是相互补充的。就是说，美与两种相互对立而又绝不会一致的状态相关联。我们必须由这种对立出发，我们必须在其全部纯粹性和严格性上理解和承认它们，以至把这两种状态以最明确的方式分开。否则我们会混淆了两者而不是统一了两者。其次就是说：美联结着这两种对立的状态，因而扬弃了对立。但是因为这两种状态永远保持着相互的对立，所以它们的被结合无非就是它们被扬弃[1]。因此我们的第二项任务就是，完善这种结合，使它们达到如此纯粹和完全，以至两种状态完全消失在第三种状态中，而在整体上不留下丝毫区分的痕迹，否则我们就是把它们分化了而不是结合了。在哲学界对美的观念

---

1 这在德国哲学史上可能是第一次从辩证法的意义上使用扬弃一词——译者注。

曾经占据支配地位的和在今天仍有部分起支配作用的一切争论，根源无非是由于人们的探讨或者没有从应有的严格区分开始或者没有使这一探讨达到完全纯粹的结合。有些哲学家在对这个问题的思考中盲目地依赖于他们情感的引导，而不能达到美的观念，因为他们在感性印象的整体中没有作出各种区分。而另一些哲学家单独以知性为向导，也根本不能达到美的观念，因为他们在美的整体中只看到各个部分。在他们看来，精神与物质即使在其完全统一中也永远依然是分离的。前者在他们应该区分情感中相互联系的东西时，不敢对美作为作用力进行动态的扬弃，后者在他们应该概括知性中分离着的东西时，不敢对美作为观念进行逻辑的扬弃。前者想按照美的作用来思考美，后者想使美像他们所思考的那样作用。两者都不能达到真理：前者是因为他们想以自己有限的思维能力来模仿无限的自然，后者是因为他们想把无限的自然局限在他们的思维法则上。前者担心通过对美的严格分解而剥夺了它的自由，后者担心通过过分大胆的结合破坏了美的观念的精确性。但是，前者没有考虑到他们完全有理由把美的本质规定为自由，自由并不是无规律性，而是规律的和谐，不是随意性，而是最大的内在必然性。后者没有考虑到，他们同样有理由要求对美作出规定，这种规定不在于排除某些实在，而在于绝对地包括一切实在。因此，它不是限制，而是无限性。如果我们由美在知性面前所区分出的这两种因素开始，那么我们将避开使这两者搁浅的暗礁。然后我们也要上升到纯粹的审美统一体，通过这种统一体，美可以作用到感觉并在感觉中使这两种状态完全消失。[1]

---

[1] 细心的读者在上述比较中可以发现，感性的美学家主要是应用感觉的证据而不是理性的证据，实际上要比他的反对者更接近真理。虽然他们在观点上与此不相符合，这种情况我们在自然与科学之间到处能找到。（感性的）自然到处都是结成一体的，知性到处都把自然分开了，但是理性又把它结合了起来。因此，人在开始哲学思考以前，他是比尚未完成自己探讨的哲学家更接近真理。只要从实际结果上看这一结论与一般感觉相反，那么我们不用进一步检验就会说哲学家是不对的。如果在形式和方法上这一结论与一般感觉相抵触，那么我们同样有理由认为它是值得怀疑的。按照后一种考虑，每个作者感到自慰的是，不能像许多读者所期望的那样用炉边闲谈的方式提出哲学推论。按照前一种考虑，只能使打算以牺牲人的知性为代价来建立新体系的人闭口无言。

——作者原注

# 第十九封信

在人的身上一般可以区分出被动的可规定性和主动的可规定性的两种不同状态，同样也可以区分被动规定和主动规定的多种状态。这一命题的阐释可以使我们尽快地达到目标。

人在一切受各种感官印象而被规定之前，其精神状态有一种无限的可规定性。空间和时间的无限给予人的想象力以自由运用的可能。因为根据前提的规定，在这一广阔的可能王国中没有任何东西被规定，因此也没有任何东西被排除，因此我们可以把这种无规定性的状态称为空虚的无限性，但绝不能把它与无限的空虚相混淆。

现在涉及人的感性，由无限量的可规定性中应该获得单独一种现实性，人的头脑中会形成一种观念。在上述状态中单纯的可规定性无非是一种空洞的能力，现在变成了一种作用力。它获得了一定的内容，作为作用力同时获得了一种界限，因为作为单纯的能力它是不受限制的。所以有了实在，而失去了无限性。为了在空间描述一个形象，我们必须将无限的空间加以限定；为了在时间中表现出一种变化，我们必须把时间的整体加以分割。因此，我们只有通过限制才能达到实在，只有通过否定或排除才能达到肯定或现实的设定，只有通过扬弃我们的自由可规定性才能达到规定状态。

但是，除非最初有什么东西存在，由此才能有排除；除非由精神的绝对活动使否定与某些肯定的东西相关联，并由非实体产生某种实体，否则，由一种单纯的排除永远不会形成实在；由单纯的感官感觉中永远不会形成观念。这种精神活动称为判断或思维，其活动结果即称为思想。

当我们在空间确定一个位置以前，对于我们还根本没有空间。但是，没有绝对空间，我们就绝不可能确定一个位置。对于时间的情况也是如此。当我们占有一定时刻之前，对于我们就根本没有时间，但是没有持续不断的时间，我们就不可能有时刻的概念。因此，我们只有通过部分来达到整体，只有通过有限来达到无限的东西。然而我们也只有通过整体才能达到部分，只有通过无限的东西才能达到有限。

因此，如果认为美开辟了使人由感觉转变到思维的道路，那么对这一点绝不能这样理解：好像通过美可以填平把感觉与思维、受动与能动分割开来的鸿沟。这个鸿沟是无限的，离开具有新的自主能力的中介就永远不会由个别形成普遍的东西，绝不会由偶然形成必然的东西。思想是这种绝对能力的直接活动，这种能力虽然是通过感官引起并外化出来的，可是在它的外化中其本身却很少取决于感性，而是通过它的反面表现出来的。自主性涉及到排除各种外在影响，它不是由此而有助于思维（思维包含着公开的矛盾），而只是由此为思维能力提供了自由，使之能按其自身规律表现出来。从而，美可以成为一种手段，使人由素材达到形式，由感觉达到规律，由有限存在达到绝对存在。

但是这里是在假定，思维能力的自由可能受到阻碍，这与自主能力的概念似乎是矛盾的。由外部接受其活动素材的能力，只有通过抽去素材从而否定它的活动才会受到阻碍，如果我们赋予感情以肯定的压抑精神自由的权力，那么这就是对精神本性的误解。诚然，经验提供的大量例证说明，当感性能力激烈活动时，理性能力似乎也同样受到压抑，但是我们不能由感情的强烈推论出这种精神的衰弱，而必须由这种精神的衰弱来解释感情过分的强烈。因为感性不能表现得超出人的许可，除非精神放弃了它的自由而证实自己就是如此。

在我通过这种阐述试图回答这种异议时，我好像陷入到另一个问题中，论证了只有牺牲精神的统一才能保证精神的自主。因为若不是精神本身被割裂开，若不是它本身相互对立起来，那么精神怎么会由本身同时取得不活动和活动的根据？

这里我们必须再次指出，我们所考察的是有限的精神，而不是无限的精神。有限的精神无非是通过受动起作用的，只有通过限制才能达到绝对，只是当它接受了素材时才活动和形成的。因此，这种精神把追求形式或追求绝对的冲动与追求素材或追求限制的冲动结合了起来。若没有作为条件的素材或限制，那么精神既不会具有也不会满足前一种冲动（形式冲动）。在同一事物中这两种对立的倾向能够共同存在到什么程度，这个课题虽使形而上学家处于窘境，但不会使先验哲学家处于窘境。先验哲学家绝不擅自解释事物的可能性，而是满足于确立把握经验可能性的知识。没有精神中的这种对立，经验就不可能存在；同样没有精神的绝对统一，经验也不可能存在。因此，精神完全有权力把这两个概念作为经验的必要条件，而不必为它们是否能够和谐相处而担心。只要我们把这两种基本冲动与精神本身区别开来，这两种冲动的共处就与精神的绝对统一完全不矛盾。这两种冲动虽然存在并作用于精神之中，但精神本身既不是素材也不是形式，既不是感性也不是理性。这一事实似乎总是没有为那些人所考虑过，这些人当精神的活动符合理性时只是让人的精神本身活动，当精神的活动违背理性时只把精神看作受动的。

两种冲动的每一种只要发展起来，它就必然地按其本性努力去满足自己。正是因为两者是必然的并且趋向于相反的对象，所以这两种强制相互扬弃，意志在两者之间保持完全的自由。因此，意志是作为一种力量（作为现实性的根据）支配着两种冲动的，而这两种冲动不论哪一种，本身都不能作为支配另一种的力量。人所具有的最肯定的正义倾向并不会使无法无天的人住手不干非正义的事，享乐的最强烈的诱惑也不会使意志坚强的人去违背他的原则。在人身上除了他的意志之外就没有别的支配力了。只有死和对他的意识的剥夺才能使人完结，使他的内在自由终止。

外在于我们的必然性规定了我们的状态，并依靠感官感觉的中介规定了我们在时间中的存在。它完全是非随意的，怎样作用到我们身上，我们就必须怎样承受。同样地，在感觉的促使下并通过与感觉相对立，内在于我们的必然性揭示了我们的人格，因为自我意识不依存于作为其前提的意志。人格的这种原始显现不是我们的功劳，它的缺乏也不是我们的过错。只有那些有自我意识的人才要求理性，即意识的绝对一致性和普遍性。在人还没有成为人的时候，不要期待他有什么人性的活动。形而上学家很少能解释自由和独立的精神受感觉的这种限制。物理学家不能理解这种限制对人格影响的无限性。使我们追溯到产生普遍性和必然性概念之根源的，既不是抽象也不是经验。这些概念的早期表现使它们逃避开观察者，它们的超感性来源使它们逃避开形而上学家。但是，只要存在自我意识，同时，与自我意识不变的统一，就是给人的认识和行动提出为了人所存在的一切以及通过人所形成的一切的统一法则。人的感性时代就已经不可避免地、无法变更地、尚未理解地表现出真理和正义的概念。人们在时间中觉察到永恒，在偶然的结果中觉察到必然，而不能说出它们是出自哪里和怎样形成的。这样完全不用主体的额外努力就形成了感觉和自我意识。这两者的来源都同样处于我们意志的彼岸，正如它处于我们认识范围之外一样。

如果这两者是现实的，如果人通过感觉的媒介取得了某种存在的经验，通过自我意识取得了人的绝对存在的经验，那么随着它们的各种对象出现，人的两种基本冲动也就活跃起来。生活经验（随着个体的开始）唤起了感性冲动，各种法则的经验（随着人格的开始）唤起了理性冲动。在这两者存在以后，人这时才建立起他的人性。直到这些产生以后，在人身上的一切才遵循必然性的规律。但是，现在自然之手离开了人，保持自然在人身上所安排和揭示的人性则是人的事情了。只要这两种相反的基本冲动在人的身上活动起来，这两者就失去了它们的强制，而由两种必然性的对立中产生了自由。[1]

---

[1] 为避免各种误解，我要说明：这里经常提到的自由不是指那种必然适应于作为智力的人的自由，它既不能给予人也不能由人那里夺走，而是那种以人的综合本性为基础的。由此使人只按理性来行动，这证明他有第一种自由。由此使人在素材的限制下按理性冲动行动，而在理性法则下按感性冲动行动，这就证明他有第二种自由。我们通过第一种自由的自然可能性就完全可以解释第二种自由。

——作者原注

# 第二十封信

由自由的纯粹概念中就可以看出，自由是不受（外界）影响的，自由本身是自然的作用（自然一词要在最广义上来理解），而不是人的作品。从上述内容同样必然得出，自由只能通过自然的手段来促进和阻止。当人是完整的并且他的两种基本冲动已经发展起来时，才开始有自由。只要人是不完整的，并且他的两种基本冲动中有一种被排除了，那么就没有自由。利用各种手段使人恢复他的完整性，就可以恢复自由。

现在可以指出，不论在整个类还是在单个人，实际上都有这样的时刻，这时人还是不完整的，两种冲动之中有一种在人身上是单独起作用的。我们知道，人以单纯的生命开始，以形式终结，人以前是作为人格的个体，是从限制出发走向无限的。感性冲动的作用先于理性冲动的作用，因为感觉是走在意识之前的，在这种感性冲动在先的过程中，我们开辟了人的自由的全部历史。

因为有一个时刻，生命冲动是作为自然和必然性起作用的，形式冲动还没有与它相对立而存在。这时感性是一种力量，因为人性还没有开始，在人的身上除了意志之外还没有别的力量。但是，与人现在应该过渡到的思维状态中正相反，理性是一种力量，逻辑的或道德的必然性应该代替那种自然的必然性。在可以把法则的力量提高到这一程度以前，感觉的那种力量必须被排除。要使以前不存在的某种东西开始存在，这是不够的，还必须使原来存在的某种东西不再存在。人不能直接由感觉过渡到思维，他还必须退回一步，因为只有当一种规定被排除时，相反的规定才能进入。所以，人为了以能动代替受动、以主动的规定代替被动的规定，就必须暂时摆脱一切规定而处于一种单纯可规定性的状态。因此，人必须以某种方式返回到单纯无规定性的那种否定状态。当没有任何东西在人的感官中留下印象时，他就是处于这一状态。但是，这一状态在内容上是完全空虚的，现在的问题是使一种同样的无规定性与一种同样的无限可规定性与最可能有的内容相协调，因为由这种状态应该直接得出一些肯定的东西。人通过感觉所接受的规定必须被确保，因为他不能失去实在。但只要规定是被限定的东西，那么同时它必须被扬弃，因为它会产生一种未限定的可规定性。因此现在的任务是，同时消除和保持状态的规定，这只有通过使该规定与其他规定对立起来的唯一方式才可能。当天平两边都空着的时候，天平的两个托盘是平的。然而，当天平两边有同样重量的时候，天平的两个托盘也是平的。

心灵由感觉到思维的转变要经过一个中间状态。在这一状态中感性和理性同时起作用，这正是由于它们相互扬弃了它们规定的力量，并通过它们的对立产生一种否定。在这一中间状态中，精神既不受自然的强制也不受道德的强制，并以两种方式活动，优先服务于一种所谓自由使命。如果我们称感性规定的状态为自然状态，称理性规定的状态为逻辑的和道德的状态，那么我们就必须把这种现实的和能动的可规定性的状态称为审美状态[1]。

---

[1] 对于这个由于忽视而往往误用之词的纯粹意义，这里为不太熟悉的读者提供如下的解释。在现象中所能出现的一切事物可以分为四种不同的关系来考虑。一种是事物可以直接涉及我们的感性状态（我们的存在及健康），这是它的物质属性；或者它可以涉及知性，为我们提供一种认识，这是它的逻辑属性；或者它可以涉及我们的意志，作为一个选择的对象可以被看作是理性的存在，这是它的道德属性；最后或者它可以涉及我们不同能力的整体，而个别的能力不是规定的对象，这是它的审美属性。一个人可以由于他的称职而愉快；他可以通过他的交谈使我们思考；他可以由于他的性格引起我们的尊敬；最后他可以不依靠所有这些，使我们对他的判断既不根据任何法则又不考虑任何目的，在单纯的观照中通过他单纯的表现方式而产生快感，在这种特质上我们对他进行审美的判断。因此，有促进健康的教育，有促进认识的教育，有促进道德的教育，还有促进鉴赏力和美的教育。这最后一种教育的目的在于，培养我们感性和精神力量的整体达到尽可能和谐。但是因为人受不正确鉴赏力的诱惑，在审美概念中往往同时接受了随意性的概念，由于不正确的理智更巩固了这种错误。我这里再说明就是多余的了（尽管这些有关美育的书简除了反驳那些错误之外，几乎没有提到别的）。精神在审美状态下虽然是自由的，并且是摆脱了一切强制的最大程度的自由。但是，它绝不是脱离规律去行动，而且这种审美自由与思维中的逻辑必然性以及意志中的道德必然性只有通过下面一点来区分：精神虽然按照规律行事，但是这些规律并不被表现出来，因为它们没有遇到抵抗，不是作为强制表现出来的。

——作者原注

# 第二十一封信

正如我在上一封信开头所指出的,有一种双重可规定性的状态和一种双重被规定的状态,现在我可以对这一命题加以阐述。

只要心境一般还没有被规定,那么它就是可以被规定的。只要心境没有完全被规定,也就是说,只要它的规定没有被限定,那么它也是可以被规定的。前者是单纯的无规定性(它未加限制,因为它没有现实性),后者是审美的可规定性(它没有限制,因为它结合了一切现实性)。

只要心境一般只是被限定,它就是被规定了。只要心境本身由自己的绝对能力限定了，它也就被规定了。当心灵在感觉时是处于前一种情况，当心灵在思维时是处于后一种情况。因此，如同思维属于规定性一样，审美状态属于可规定性。前者是由内在无限力量引起的限定，后者是由内在无限丰富性产生的一种否定。心境被限定在感觉和思维这两种状态中，人就单独地只是个性或人格的某一种，在这点上思维和感觉是一致的，在所有其他点上则迥然不同。同样，审美可规定性与单纯的无规定性只有在排除了被规定的存在这一点上才一致，而在其他从"无"到"所有"的各点上则是迥然相异的。若后者产生于缺乏的无规定性，表现为一种空虚的无限性，那么与其现实地相对立着的审美规定的自由就被看作充实的无限性。这种观点正好与前面的探讨所告诉我们的那些结果完全吻合。

只要我们仅仅注意单独一种结果而不注意全部能力，并只考虑到在人身上缺乏各种特殊规定，那么人在审美状态就是零（无价值的）。因此，我们必须承认那些人是完全有道理的，他们说美使我们处于一种心境中，这种美和心境在认识和志向方面完全无足轻重并且毫无益处的。他们是完全有道理的，因为美不论在知性方面还是在意志方面完全不会给人以任何结果。它既不能实现智力目的，也不能实现道德目的。它不会发现任何真理，丝毫无助于我们完成任何义务。总之，它既不能确立性格，也不能启发头脑。因此，人的个人价值和他的品格如若可以仅仅取决于他个人的话，那么通过审美教养仍然不能完全被规定。它只能使人恢复由本性即由自己本身所完成的东西——人所应有的存在自由，除此之外其他什么也达不到。

正因为如此而获得了某些无限的东西。只要我们考虑到，在感觉中由于自然的片面强制以及在思维中由于理性的全面立法，恰恰是剥夺了人身上的这种自由。因此，我们应该把使人处于审美心境的能力看作是一切馈赠中最高贵的礼品，是人性的馈赠。当然，人在进入各种特定的状态之前，就已经具有了这种人性的素质，但事实上人随着自己进入各种被规定状态而丧失了这种人性。如果人能够过渡到一种相反的状态，那么他就能通过审美的生命力而重新恢复这种人性。[1]

---

[1] 诚然，某些人由感觉转变到思维和决断的迅速性使他们此时所必然经历的审美心境几乎或完全没有察觉到。这些人不能长期容忍无规定性的状态，迫不及待地寻求他们在审美无限性状态所找不到的结果。与此相反，另一些人是在全部官能活动的情感中寻求他们的享受，而不是在单独一种官能的活动中去寻求，从而使审美状态扩大到更广阔的范围。正如前者非常惧怕空虚一样，后者很难忍受限制。我几乎不需要说明，前者是为琐事和次要事物而生的，后者，假定他们把这种官能与现实结合起来，是为整体和起巨大作用而生的。

——作者原注

如果把美称为我们的第二造物主，这不仅从诗歌角度来说是允许的，而且从哲学上看来也是恰当的。因为美虽然只是使人性成为我们的可能，把其余问题，即我们想使人性在什么程度上成为现实，留给我们的自由意志去决定。在这一点上美与我们原来的造物主——大自然也是相同的。大自然也无非是赋予我们人性的能力，而这一能力的应用则取决于我们自己的意志了。

# 第二十二封信

如果我们在某一方面把审美心境看作是零状态，只要我们把目光集中在个别特定的作用上，只要我们同时注意到不受各种限制和共同起作用的各种力量之和，那么在这一方面我们又可以把它看作最高的现实性。因此我们认为，那些把审美状态看作在认识和道德方面毫无益处的人也不是没有道理的。他们是完全有道理的，因为在自身包含了人性整体的心境，从能力上来说也必然在自身包含人性的每一个别表现。由人性的整体中排除了一切限制的心境也必然由人性的每一个别表现中排除了一切限制。正是因为这种心境没有把人性的个别功能单独地保护起来，所以它对每一种功能都毫无区别地给予优待，它所以不给予个别能力以特殊优待，是因为它是一切能力可能性的基础。所有其他训练都能给人一种特殊的技巧，由此也给人设置了一种特殊的界限。只有审美的训练可以导致无限。每种我们能够进入的新的状态都使我们返回到某种原来的状态，要消除这一状态就需要另外一种状态。只有审美状态是在自身中的整体，因为它本身包括了它赖以产生和继续存在的一切条件。只有在这里我们才感到我们是处于时间之外，我们的人性以一种纯粹性和整体性表现出来，好像它还没有由外在力量的影响而受到损害。

在直接感觉中使我们感官喜爱的东西，为我们柔弱而活跃的心灵留下了印象，但不能使我们相应地振奋起来。使我们思维能力兴奋起来并产生抽象概念的东西，增强了我们精神的各种抵抗力，但也同样使精神麻木不仁，正如它使我们产生更大的主动性那样，它也同样地剥夺了我们的感受性。所以不论哪一种能力最终都必然地失去力量，因为素材不能长期脱离形象创造力，这种创造力也不能长期脱离造型的素材。相反，若我们投身于真正美的享受，那么我们在这一瞬间，在同等程度上成为我们的受动力量和主动力量的支配者，可以同样轻而易举地使我们转向认真与游戏、安息与运动、屈从与反抗、抽象思维与直观。

真正艺术作品使我们所处的心境，正是这种高度安详、精神自由与充满力量、生机相交融，这是最可靠的真正审美品质的试金石。如果在这种享受之后我们发现自己被置于一种与其他人不同的、特别拙劣和不适宜的感觉方式或行为方式中，那么这是一种确定无疑的证据，说明我们感受的不是纯粹审美的作用。这或者是由于对象，或者由于我们的感觉方式，或者（情况几乎总是这样）由于两者同时作用而产生的。

在现实中不会遇到纯粹的审美作用（因为人绝不可能摆脱各种力量的制约），所以一部艺术作品的卓越只是在于最大限度地接近于那种审美纯洁性的理想。在我们所能达到的充分自由中，作品总会给我们留下某种特殊的心境和独特的倾向。当某一门类艺术及其作品所给予我们精神的心境越普遍，倾向越不受局限，那么这一门类艺术就越高尚，这类艺术品就越优秀。我们可以用不同门类艺术的作品和同一门类的不同作品尝试着加以说明。一种美的音乐会给我们留下一种生动的感觉，一首美的诗篇会给我们留下活跃的想象力，一幅美的绘画和一座美的建筑会给我们留下明晰的知性。谁要是想在高尚的音乐享受之后直接引起我们的抽象思维，在高超的诗歌享受之后直接从事日常生活中要反复斟酌的事务，在观赏美的绘画和雕塑作品之后直接点燃起我们的想象力，并使我们的情感诧异，那么他是没有选好时机。这是因为即使精神内容最丰富的音乐，由于其素材的缘故总是比真正审美自由所允许的更接近于感官；因为即使最成功的诗歌也总是比真正美的事物的内在必然性所允许的更多地参与由想象力作为其媒介的随意偶然的游戏；因为即使最杰出的绘画作品往往由其概念的规定性而与严肃的科学相区别。其中随着这三类艺术中一部作品所达到的更高的水平而失去这种特殊的相似性，这是它的完美的、必然的和自然的结果。不同门类艺术的客观界限并没有推移，只是在它们对精神的作用方面变得越来越接近了。音乐在它的最高度提炼中必然成为形象，并以古典静谧的力量作用于我们；造型艺术在它的最高度完美中必然变得像音乐，并通过直接的感性显现打动我们的心；诗歌在其最完美的创造中必然像声乐艺术那样强有力地抓住我们的心，同时又像雕塑以静穆而爽朗的氛围萦绕着我们。这里同样表现出每种艺术的完美的风格，它知道要排除自身艺术所特有的限制，而又不失去它自己的独特优点，并由于明智地运用它的独特性而赋予它一种更普遍的品格。

艺术家通过艺术加工不仅要克服它的艺术门类的特性本身所带来的限制，还要克服他所加工的特殊素材所具有的限制。在真正美的艺术作品中不能依靠内容，而要靠形式完成一切。因为只有形式才能作用到人的整体，而相反地内容只能作用于个别的功能。内容不论怎样崇高和范围广阔，它只是有限地作用于心灵，而只有通过形式才能获得真正的审美自由。因此，艺术大师的独特的艺术秘密就是在于，他要通过形式来消除素材。素材本身越宏伟、越傲慢、越富诱惑力，素材越是专擅地显示自己本身的作用，或者观众越倾向于直接介入素材，那种主张支配素材的艺术就越成功。观众和听众的精神必须是完全自由而不容侵犯的。出自艺术家魔力圈的东西必须像出于造物主之手的东西那样纯洁和完美。在艺术中对待最轻浮的对象也必须把它直接转变成极其严肃的东西。对待最严肃的素材我们也必须把它更换成最轻松的游戏，激情的艺术如悲剧也不例外。因为首先没有完全自由的艺术，艺术总是为特殊的目的（庄重的事物）服务的。因此任何艺术鉴赏家都不能否认，即使对于这类艺术作品本身，为了使其更完美，它也越需要在最激烈的情感风暴面前保持它的精神自由。有富于激情的美的艺术，然而美的激情的艺术却是一种矛盾的说法，因为美的必然的效果是摆脱了激情的自由。美的教育性（教训的）或劝善性（道德的）艺术的概念也是自相矛盾的，因为没有比给精神以特定的倾向与美的概念更矛盾的了。

艺术作品如果只是以它的内容起作用，那么并不总是证明作品是无形式性的。同样，往往证明在这些评论者之中缺乏形式。不论这一评论者是过分紧张的，还是过分松弛的，他都习惯于或者只以知性来感受事物，或者只以感官来感受事物，他也仅仅把最成功的整体当作部分，把最美的形式当作素材。只能感受粗陋因素的人在他由此得到一种享受以前，他首先破坏了作品的审美机体，仔细地扒开艺术大师用无限的艺术使之消失在整体和谐中的各部分。这种人对作品的兴趣完全是或者在道德或者在物质方面，却不是在理应所在的审美方面。这种人在欣赏一首庄重而热情的诗歌时，就像在说教；在欣赏一篇朴素的或戏谑的诗歌时，就像在喝那种醉人的饮料。他们对悲剧和叙事诗更毫无兴趣，即使是要求虔敬的救世主的叙事诗。因此他们对阿那克里翁[1]诗体和卡图卢斯[2]诗体歌曲肯定也感到愤懑。

---

1 阿那克里翁，约公元前六世纪到前5世纪希腊诗人，专赋抒情诗歌——译者注。
2 卡图卢斯（公元前84—前54年），古罗马诗人，以爱情诗和长故事诗创作为主——译者注。

# 第二十三封信

为了把上面提出的原则用于实际的艺术及其作品的评价，我曾经把研究的线索中断了，现在我重新继续这一研究。

从感觉的受动状态到思维和意志的能动状态的转变，只有通过审美自由的中间状态才能完成。虽然这种状态本身并不完全决定我们的见解或信念，也不会由此而否定智力和道德的价值。然而，这种状态仍然是我们获得见解和信念的必要条件。总之，要使感性的人成为理性的人，除了首先使他成为审美的人，没有其他途径。

然而您可能提出异议说，这种中介难道是完全必要的吗？真理和义务难道不能自为地通过自己找到抵达感性的人的途径吗？对此我必须回答道：真理和义务依靠它们本身不仅能够而且也应该找到这种决定的力量。看起来这里好像隐含着相反的见解，其实与我前面的观点并不矛盾。这里已经清楚地证明，美并不给知性和意志以任何结果，美也不干预思维和决断。美只是给这两者提供能力，却不决定这种能力的实际使用。这里不需要丝毫局外的帮助，纯粹逻辑形式、概念必然直接诉诸知性，纯粹道德形式、法则必然直接诉诸意志。

我认为，这一点之所以可能，感性的人之所以能有一个纯粹的形式，只有通过审美的心境才能做到。真理并不像现实或事物的感性存在那样从外部就能把握，它要靠思维能力自动地在自由状态中取得，而这种自动性和自由却是感性的人所没有的。感性的人（在物质方面）已经是被规定了的，因此再没有任何自由的可规定性。他必须首先恢复这种失去的可规定性，才能把受动的规定变换成能动的规定。然而他之所以能重新获得这种可规定性，不外以下两种情况：或者他失去了已经具有的受动规定，或者在他自身包含着他应该转变成的那种能动的规定。如果他仅仅丧失了受动的规定，那么与此同时他也失去了能动的可规定性，因为思想需要躯体，形式要在一定的素材中才能成为现实。所以，他应该在自身包含能动的规定，他应该既是受动地又是能动地被规定的，也就是说，他应该成为审美的。

因此，通过审美的心境，理性的自动性可以在感性的领域中显示出来，感觉的力量在自身的界限内已经丧失，自然的人已经高尚化，以至现在只要按照自由的规律就能使自然的人发展为精神的人。因此，由审美状态到逻辑和道德状态（即由美到真理和义务）与由自然状态到审美状态（即由单纯盲目的生命到形式）相比，其步骤要容易得多。前一个步骤人通过他的单纯的自由就能完成。因为他只须为自己取得而不须付出，只须使他的本性分化而不须去扩大它。处于审美心境的人只要他愿意的话，就可以普遍有效地进行判断，普遍有效地行动。他的本性使他容易完成由粗陋素材到美的转变，这时他的内心将表现出一种全新的活动。他的意志对于意志本身赖以存在的心境是无能为力的。我们只要给他以重大的推动，就能使审美的人获得理智和高尚的情操。而要使感性的人获得同样的东西，我们就得改造他的本性。在前一种情况下（对审美的人来说），为了使人成为英雄和贤能只要有崇高局势的促进（它直接作用于意志力）。而在后一种情况下（对感性的人来说），则须把人放到另一个天地中去。

所以，文化教养的最重要任务之一就是，使人在其纯粹自然状态的生活中也受形式的支配，使他在美的王国所及的领域中成为审美的人。因为道德的人只能从审美的人发展而来，不能由自然状态中产生。如果人要在各种场合下都能使自己的判断和意志成为类的判断，如果他要从每一有限存在中找到通往无限存在的道路，从依存状态迈向独立和自由，他就要设法使自己不再只是单纯的个体，只受自然规律的支配。如果他要能够并准备好从自然目的的狭窄圈子提高到理性的目的，他就必须还在前者支配下的时候准备去适应后者，从某种精神自由，即按照美的规律完成他的自然使命。

然而，他做到这一点丝毫不会与他的自然目的相矛盾。自然对他的要求只是与他所做的事情、与他行动的内容有关。至于他做的方式，即其形式，则完全不是由自然目的所规定的。理性的要求却与此相反，它是严格地指向人的活动形式。为了实现人的道德规定，他必须成为纯粹道德的，表现出绝对的自动性。然而对他的自然规定来说，他是否是纯粹自然的或是否绝对受动地行动，反正毫无区别。就其自然的规定而言，究竟他是作为感性存在、作为自然力（即只作为受动的作用力）来完成，还是他同时作为理性存在、作为绝对力量来完成，这就完全取决于他的意愿了。这两种方式中，哪一种更符合他的品格是显而易见的。根据感性动机来完成那些应该由纯粹义务的动机决定的事情，就使他卑微而屈辱。同样地，当普通人只是满足自己合理要求时，对于合规律性、和谐和绝对的追求，就使他富有尊严并高尚起来。[1]总之，在真理和道德的

---

[1] 对我们一般所遇到的日常现实作明智和审美自由的处置，这是一个高尚心灵的标志。一个心灵具有这样的才智，通过其处理方式能把最无足轻重的事物和最微不足道的对象转化成无限的事物，那就可以称为高尚的心灵。任何形式只要给那种按其本性只是为目的服务（即只是手段）的事物打上自主性的烙印，它就可以称为高尚的。高尚的精神并不满足于自身是自由的，他还要使他周围的一切事物、甚至无生命的东西都成为自由的。然而，美是现象中自由的唯一可能的表现。因此，在一个人的神情中、在一部艺术作品中等等，突出知性的东西绝不会是高贵的，也绝不会是美的，因为这强调了依存性（它是与合目的性分不开的），而不是掩盖了依存性。

诚然，道德哲学家教导我们说，人绝不会比他的义务所要求的做得更多。如果他指的只是行为对道德准则的关系，那他是完全正确的。但是在只关系到一个目的的行为中，超越这个目的而达到超感性范围（这里只能是从自然的领域达到审美领域），也就超越了义务的界限。义务只能规定出：意志是神圣的，而并非自然本身也神圣化了。在道德上超越义务虽然是没有的，但却有在审美上超越义务的，这种态度就称为高贵。有些人混淆了审美超越和道德超越，并为高贵的现象所迷惑，把随意性和偶然性带入了道德本身之中，（转下页注）

领域感觉是没有支配权的，而在幸福的领域则可以存在形式，游戏冲动可以占支配地位。

因此，在自然状态的生活的中性领域里，人必须开始他的道德生活。在人的受动状态下，就必须开始他的自动性；在他的感性范围内，就必须开始他的理性自由。他必须把自己意志的法则加到自己的爱好上，如果您允许我用这个说法的话，他必须把对素材的战斗在素材的领域内进行下去，以免他在自由的神圣疆域里与这个可怕的敌人作战。他必须学会更高雅地向往，以便无须去作崇高的欲求。这一点可以通过审美教养来实现，审美教养使一切事物服从于美的规律，使自然规律和理性法则都不能束缚人的自由选择，并且在它赋予外在生命的形式中开启内在的生命。

---

（接上页注）从而完全否定了道德。其所以如此，正是由于在高贵的事物中总是可以看出超越的，那些只须具有素材价值的东西也具有了自由的形式价值，或者说是把它应该具有的内在价值与它可能缺少的外在价值结合在一起了。

应该把崇高的态度与高贵的态度区别开来。后者超越道德习俗的限制，而前者不超出这一限制，然而我们更加看重前者。我们看重前者并不是因为它超越了自己对象（道德准则）的理性概念，而是因为它超越了自己主体的经验概念（我们关于人的意志品质和意志力的知识）。反之，我们尊重高贵态度，并不是因为它超越了主体的本性，而却是因为它超越了自己对象的本性（自然目的）而跨入精神的王国，其实这种态度完全是由本性中自由地产生的。可以说，在高贵的场合，我们对于对象对人取得的胜利感到惊愕，在崇高的场合，我们赞赏的却是人赋予对象的蓬勃生气。

——作者原注

# 第二十四封信

由此，可以区别出发展的三个不同时期或阶段，不论个人还是整个类，若要实现自己的全部使命，都必然要以一定顺序经历这些阶段。由于外界事物的影响或个人的自由随意性等偶然原因，个别的时期可能延长或缩短，但任何阶段都不能跳跃过去，而且各阶段的衔接次序也不是自然或意志所能颠倒的。人在他的自然状态中只能承受自然的力量，在审美状态中他摆脱了这种力量，而在道德状态中他支配着这种力量。

在美激发了人的自由乐趣，安逸的形式调剂了他的粗野生活以前，人究竟是什么样子呢？他在目的上永远是千篇一律的，他在判断上永远是踌躇不定的，自私自利而又不能自主，无拘无束而又没有自由，成为奴隶而又不受规则支配。在这个时期，世界对他来说只是宿命，而不是对象。一切事物，只有保障了他的存在的，对他来说才存在。凡是没有给予他什么或从他那里取得什么的，对他来说就根本不存在。各种现象在他面前都是单独而孤立的，就像他自己处在各种存在之中的情况一样。一切事物在他看来都是由于瞬间的无上命令才存在，一切变化在他看来都是崭新的创造。因为他缺乏内在必然的东西从而也缺乏外在的必然性，这种必然性把千变万化的形态结合成一个大千世界，个体可以逃脱出这个舞台，规律却常在。自然徒劳地把它的丰富的多样性展现在他的感官之前，他在这种丰富多彩中只看到了他的掠夺品，在自然的力量和伟大中只看到了他的天敌。或者是他投身于对象并希图占有对象，或者是对象侵扰他，他厌恶地把对象推开。在这两种情况下，他与感性世界的关系都是直接接触的，经常为这个世界的压力所苦恼，不断为强烈的欲求所折磨，他只有在疲惫中才得到安息，在衰竭的热望中才找到边界。

> 泰坦有着宽大的胸脯，
>
> 还有充满力量的铜筋铁骨。……
>
> 这成了他的子孙的一份遗产，
>
> 但是上帝给他额头箍上了一个铜环。
>
> 它遮住了忠言、节制、智慧和忍耐，
>
> 使他恐怖而阴沉的目光无法看个明白。
>
> 他的欲望发展成愤怒的心情，
>
> 向四周冲去没有一个止境。
>
> ——歌德《伊菲革涅亚在陶里斯岛》

由于不知道他自己的人的尊严，他就完全不能尊重别人的尊严。由于意识到他自己的粗野的情欲，他就害怕每个类似他的造物的这种情欲。他绝不会在自己身上看到别人，只是在别人身上看到自己，社交的圈子越来越窄地把他封闭在个体之中，而不是把他扩展到类。他的昏暗生活就在这种低沉的限制中度过，直到仁慈的自然从他的混沌的感官卸下素材的重担，思索使他自己与事物区别开来。终于使事物反映在他的意识之中。

当然，这里所描述的这种粗野本性的状态不能说是指哪个特定的民族和时代。这只是一种观念，然而是其各种特征完全与经验相符的观念。我们可以说，人从来没有完全处于这种动物状态，但是他也从来没有完全摆脱这种状态。即使在最粗野的人身上我们也可以找到理性自由的确凿无误的痕迹，正如在最有教养的人身上也不乏唤起昏暗的自然状态的瞬间。把自己本性中最高的东西和最低的东西结合起来，这是人所特有的本领。如果说人的尊严有赖于两者的严格区分，那么人的最大幸福就有赖于这种区别的巧妙扬弃。文化教养应该使他的尊严与他的幸福协调一致，那么教养也应该关心这两个原则，在最密切的结合中保持它们最高度的纯洁性。

在人的身上，理性的最初出现还不是他的人性的开始。通过人的自由，人性才明显地表现出来。理性的真正开端是使他的感性依存性成为无限的。我觉得，这个现象的重要性和普遍性还没有得到充分阐明。我们知道，通过对绝对的东西（即以自身为基础的和必然的东西）的要求，才在人的身上看出了理性。因为在他的自然生活的任何个别状态中满足不了这种要求，于是就迫使他完全放弃这种自然生活，并从局限的现实性提高到观念。虽然这种要求的真正意义是使人挣脱时间的限制，并由感性世界上升到理想世界。然而由于对这一要求的误解（在感性占统治地位的时代这几乎无法避免）可能指向自然生活，这不仅没有使人独立，反而使人陷入最可怕的奴役中。

事实也就是这样。凭借想象力的驰骋，人脱离开只有动物性的现时的狭小界限，以便向无限的未来前进。而当无限出现在他的令人晕眩的想象力面前，他的心还生活在个别细节中并受瞬间的支配。追求绝对的冲动在人的动物性中使人感到惊愕，因为在这种迟钝的状态下他的一切努力都专注于素材和暂时的东西，并且局限在他的个体。上述要求促使他无限地扩大他的个体，而不是摆脱他的个体；促使人追求永不枯竭的素材，而不是努力获得形式；促使他努力取得永远持续的变化和对他暂时生存的绝对保证，而不是追求不变的事物。这种冲动如果用于人的思维和行动，本来可以使他达到真理和道德，现在既然和他的受动性与感觉联在一起，就只是产生无限制的愿望和绝对的欲求。由此，人在精神王国中收获的第一批果实就是忧虑和恐惧，这两者都是理性的后果，而不是感性的后果。但是这种理性弄错了它的对象，把它的命令直接用到素材上去了。所有无条件的幸福体系都是这棵树的果实，不管它们的对象是今天还是全部生命，或者是整个永恒（这些体系并不会由此更加值得尊崇）。生存和安乐的无限延续，只是为了生存和安乐而已,这不过是欲望的一种理想,这种要求只能是从追求动物性的绝对而提出的。通过这种理性的表现并不会使他的人性获得什么,人只是失去了那种动物的幸运的局限性。他现在只是比动物具有一种不值得羡慕的优势,即他为了追求遥远的事物而丧失了对现时的占有,可是在整个漫无边际的远方除了现时之外什么也无法寻找。

但是,即使理性没有弄错自己的对象,或者在提出问题上没有迷误,感性仍然会在长时间内歪曲答案。只要人开始运用他的知性并按照因果关系把周围的各种现象联系起来,理性就会根据自己的概念力求达到绝对的联系和无条件的根据。即使只是为了能提出这个要求,人也必须超越感性,感性对于这一要求的作用是要重新抓住逃脱了的东西。正是在这一点上,人必须完全脱离感性世界飞跃到纯粹观念的王国,因为知性永久停留在有限的事物中,永远提出问题而不能达到最终的结果。但是因为我们这里所说的人还不能达到这样的抽象,所以他就在自己的情感领域内,去寻找并似乎找到了那种在感性认识范围没有找到而超出这一范围在纯粹理性中尚未寻找的东西。感性并没有给人提供自身的根据和法则,而给他提供了不了解任何根据并不尊重任何法则的东西。因为人不能通过最终的和内在的根据使提出疑问的知性平静下来，那么他至少通过无根据的概念使知性保持沉默，并停留在素材的盲目强制之内。因为他还不能理解理性的崇高必然性。由于感性除了利益之外不知道其他的目的，除了盲目的偶然性之外不了解其他的原因，因此他把利益作为他的行动的准则，而把偶然性作为世界的统治者。

甚至人身上最神圣的东西即道德法则，它最初在感性中出现的时候也没有逃脱这种歪曲。因为道德法则只是禁止和反对他的感性自私的利益，在他还没有把这种自私看作是外在的东西，而把理性的声音看作是他的真正的自我时，道德法则对他说来就是某种外在的东西。从而人就只感到理性给他戴上了枷锁，而感不到理性给他开辟的无限自由。他没有察觉自己身上立法者的尊严，而只体验到服从的强制性和无力的反抗。因为在人的经验中感性的冲动是先于道德的冲动的，所以他在时间中给必然性的规律以开端，即肯定的起源，并由于所有错误中最大的不幸，他把自身中不变的和永恒的东西变成了生灭无常的偶然的东西。他说服自己把是非概念看作是意志所决定的，并且本身不是永远有效的规章。正如他在解释个别自然现象的时候超越了自然的界限，并在自然范围之外寻求只是在自然的内在规律性之中才能找到的东西一样，他在解释道德时超越了理性的界限，并在沿着这条道路寻求神性的时候失去了自己的人性。如果以放弃他的人性为代价的宗教也算是这样一个起源，如果人不认为那些不是从永恒中产生的法则是无条件地和永恒地有约束力的话，那就不足为奇了。人所面对的不是一个神圣的存在，而只是一个强大的存在。因此，他崇拜上帝的这种精神是使他屈辱的恐惧，而不像他自己所认为的是使他提高自信的敬畏。

虽然人与他的使命的理想之间产生的各种偏差并不是全部发生在同一个时期内，他要经历从无思想性到错误、从意志薄弱到意志败坏几个不同阶段，可是这些阶段仍然是自然状态的后果，因为在一切阶段中生存的冲动都比形式冲动占优势。不论是理性在人身上还没有表现出来，自然状态还在以盲目的必然性支配着他，还是理性还没有由自身摆脱掉感性，道德的原则还在为自然的原则服务，在这两种情况下，人身上唯一具有权威的原则总是素材的原则，人至少就其最终倾向而言仍是感性的存在。唯一的区别只是，在前一种情况下他是非理性的动物，而在后一种情况下他是理性的动物。但是，他不应该是这两者，他应该是人。自然不应该完全支配他，理性也不应该有条件地支配他。这两种立法应该彼此完全独立并存，且完全一致。

# 第二十五封信

只要人在他最初的自然状态中只是受动地承受感性世界，只是感觉到它，人就仍然与这个世界完全是一体的，正因为他自己仅仅是世界，所以对人来说还不存在世界。只有当他在审美状态中把世界置于自身之外或观照世界的时候，他的人格才与世界区分开，世界才出现在他面前，因为他不再与世界是同一的了。[1]

---

[1] 我再次要提请注意的是，这两个时期虽然在观念上要区别开来，但在经验中却或多或少地是交织在一起的。我们不应当以为，有一个时期人只处于这种自然状态，而另一个时期人就完全摆脱了这种状态。只要人看到一个对象，那么他就不再处于单纯的自然状态，只要他把对象继续看下去，他也就无法摆脱这种自然状态，因为只有他感觉到，他才能看到。因此，我在第二十四封信开头所提到的那三个时期，就整体看来，既是整个人性发展的三个不同时期，也是个人全部发展的三个不同时期。在对一个对象单独感知中也可以区别出这三个阶段。总之，它是我们通过感官获得每种认识的必要条件。

——作者原注

观照（反思）是人对他周围世界的第一种自由的关系。如果说欲望是直接抓住它的对象，那么观照就是把自己的对象推到远处，使其不受热情的干扰，从而把它变成自己真正的和不会丧失的财富。在反思的时候，那种在单纯感觉状态中绝对支配着人的自然必然性脱离开了人，在感官中出现了瞬息的平静，永远变化的时间本身停止不动了，分散的意识之光集中在一起，形式——对无限事物的摹写——反映在短暂的背景上。只要人的内心点燃起烛光，身外就不再黑夜茫茫。只要人的内心平静，世界上的风暴就不再喧响，自然中斗争的力量也会平息在静止的边界上。上古诗歌把人内心的这一伟大事件描绘成外在世界的一次革命，并用那灭亡了萨图恩王国的宙斯形象来体现这种战胜时间法则的思想，这就毫不足怪了。

当人只是感觉到自然的时候，他是自然的奴隶，一旦他思考自然的时候，人就成了自然的立法者了。自然原来是作为一种力量支配着人，现在在人的眼前却成了一个对象。成为他的对象的东西就不再具有支配他的力量，因为对象要承受他的力量。人赋予素材以形式，只要他给出形式，自然的影响就无法侵犯他。因为除了剥夺精神的自由之外，没有别的方法可以侵犯精神。人给无形式的东西以形式，就证明了他自己的自由。只有在素材沉重地无定形地支配一切的地方，以及模糊的轮廓在不确定的界限内摇摆的地方，恐惧才能存在。自然界中任何可怕的东西，只要人能赋予它以形式并把它变为自己的对象，人就能战胜它。正如面对作为现象的自然人开始维护自己的独立性一样，面对作为力量的自然人也维护自己的尊严，并以高贵的自由去反对他的众神。众神脱下了曾经使童年的人类感到惧怕的幽灵的面具，在变为人的观念时，使人惊奇地发现众神具有人自身的面貌。曾经以猛兽的盲目威力统治世界的东方的神圣怪物，在希腊人的想象中却有着和蔼可亲的人性的面孔。泰坦的王国毁灭了，无限的威力被无限的形式所制服。

然而，在我只是寻找素材世界的出口和精神世界入口的时候，我的想象力的自由翅膀已经使我飞到精神世界的中心了。我们所寻求的美已经被我甩在后面，当我们从单纯的生命直接转到纯粹的形象和纯粹的对象时，我们越过了它。这种飞跃不是人的本性所具有的，而为了和人的本性步调一致，我们应该回到感性世界。

诚然，美是自由观照的作品，我们同它一起进入观念世界，然而应该说明的是，我们并不会像认识真理时那样抛弃感性世界。真理是脱离开一切物质材料和偶然的东西得出的纯粹抽象的产物，是不附带主观限制的纯粹对象，真理也是不混杂任何感受的纯粹自动性。然而，从最高度的抽象也有一条回到感性的道路，因为思想会引起内在的感觉，逻辑和道德相统一的概念会转化成感性上和谐的情感。但是当我们以认识为快乐的时候，我们就十分严格地把我们的概念和我们的感觉区别开来，我们把感觉看作某种偶然的东西，忽略了它并不会使认识中断、真理不成其为真理。但是要把美的观念和感觉能力的联系分开却是徒劳的。因此，我们把前者只看成是后者的结果是不够的，必须把两者看作是互为因果。在我们享受认识的快乐时，我们不难区分从能动到受动的推移，并且清醒地意识到，后者开始时前者就结束了。与此相反，当我们获得审美的快感时，能动和受动的这种交替就无法区分了。在这里反思和情感是完全交织在一起的，以致我们认为自己直接感受到形式。因此，美对我们是一种对象，因为反思是我们感受到美的条件。但是，美同时又是我们主体的一种状态，情感是我们获得美的观念的条件。美是形式，我们可以观照它，同时美又是生命，因为我们可以感知它。总之，美既是我们的状态也是我们的作为。

正因为美同时是这两者，所以它为我们成功地证明了：受动丝毫不排斥能动，素材丝毫不排斥形式，有限丝毫不排斥无限，所以人的道德自由绝不会被他的必然的自然依存性所消灭。美可以证明这一点，我应该补充一句，只有美才能为我们证明这一点。因为在我们享受真理或逻辑统一的快乐的时候，感觉不一定和思想是结合成一体的，而是偶然地随之产生的。它只能为我们证明，感性的本性只能跟随着理性的本性，反之却不能证明：两者是并存的，是相互作用的，两者绝对必然地结合在一起。恰恰相反，在反思的时候要排除情感，在感觉的时候要排除思想，由这一情况可以推论出两种本性是互不相容的。的确，进行分析的思想家们对于纯粹理性在人身上的存在，除了说明它存在之外，实际上不能提供更好的证明。但是由于在享受美或审美统一的时候，产生着素材和形式的实际的统一和交替，受动和能动的实际的统一和交替，所以这两种本性之可以结合，无限之可以出现在有限中，因而最崇高人性之可能实现，就都得到了证明。

美证明了道德自由和感性依存性完全可以并存，还证明人为了表现出精神并不需要抛弃素材。因此我们不再为寻找从感性依存性到道德自由的过渡而感到惶惑不安。如果像美的事实所证明的,人在与感性的结合中是自由的,正如自由的概念本身所说明的,自由是某种绝对的和超感性的东西,那么人如何从有限上升到绝对,在他的思维和欲望中与感性相对立,就不再成为问题了。因为在美中已经发生过这一切。总之,人怎样从美达到真理就不再成为问题了,因为真理就其能力而言已经包含在美中了。问题在于人怎样开辟一条道路,使他从一般的现实达到审美的现实,从单纯的生命感达到美感。

# 第二十六封信

如前所述，只有审美的心境才产生自由，显而易见，这种心境不能由自由产生，因而也不能由道德起源。它一定是自然的赠品，只有偶然的幸运才能摆脱自然状态的羁绊，使野蛮人走向美。

在吝啬的自然剥夺了人的快乐的地方，在奢侈的自然解除了人去努力的地方，在迟钝的感官感觉不到需求的地方，在强烈的情欲得不到满足的地方，美的幼芽都不会萌发。在人像穴居人那样隐藏在洞窟中，永远单独过活，在自身之外找不到人性的地方，在人成群结队过着漂泊的生活,永远只是充数,在自身之内找不到人性的地方,美的幼芽都不会萌发。只有人安静地在自己的茅舍同自己交谈,一走出去就能和同类交谈的地方,美的可爱的幼芽才能生长。当清新的气息使感官向微弱的感触开放,真挚的温暖使丰富的素材活跃起来的地方——那里盲目素材的王国在无生命的创造中崩溃,成功的形式甚至使最微不足道的自然高贵起来——在欢乐的状态和幸福的区域中,只有活动导致享受而享受导致活动的地方,只有从生命本身产生神圣的秩序以及由秩序的法则发展起生活的地方,——只有在想象力永远摆脱了现实,却不背离自然的朴素的地方——只有在这些地方,感官与精神,感受力和创造力才能在难能可贵的平衡中发展,这正是美的灵魂和人性的条件。

什么现象标志着未开化的人达到了人性呢?不论我们对历史追溯到多么遥远,在摆脱了动物状态奴役的一切民族中,这种现象都是一样的,即对外观的喜悦,对装饰和游戏的爱好。

在极度的愚蠢和最高的知性之间存在某种相似之处:即两者都只寻求实在,并对单纯的外观毫不介意。只有对象直接出现在感觉中才能打破愚人的平静,只有使人的概念重新回到经验的事实上才能让知性平静下来。总之，愚蠢不能超出现实，知性不能停止于真实。因此，对实在的需求和对现实的东西的依附只是人性缺乏的后果，对实在的冷漠和对外观的兴趣是人性的真正扩大和达到教养的决定性步骤。首先这是外在自由的证明，因为在受必然和需求的支配时，想象力就被牢固的绳索捆绑在现实的事物上。只有需求得到满足时，想象力才能发挥毫无拘束的能力。其次这也是内在自由的证明，它使我们看到一种力量，这种力量不依赖外在素材而由自身产生，并有防范素材侵扰的充足能量。事物的实在是事物的作品，事物的外观是人的作品。一个以外观为快乐的人，不再以他感受的事物为快乐，而是以他所产生的事物为快乐。

不言而喻，这里指的是区别于现实和真实的审美外观，而不是与现实和真实相混淆的逻辑外观。我们之所以喜欢审美外观，因为它仅仅是外观，而不是因为我们把它当成什么别的更好的东西。只有审美外观才是游戏，而逻辑外观则只是欺骗。我们尊重审美外观，这绝不会损害真实，因为不存在用外观冒充真实的危险，而冒充真实才是唯一能损害真实的。轻视外观也就是轻视一切美的艺术，艺术的本质就是外观。有时候知性在追求实在中竟达到这样不能容忍的地步，以致对全部具有美的外观的艺术作出轻蔑的判断，因为它只是外观而已。然而，这只是在知性想到上述（审美外观与逻辑外观）相似性时才出现的情况。我还要在适当的机会特别谈一下美的外观的必要界限。

自然赋予人两种感官，这两种感官使人只通过外观就能认识现实的事物。由此自然本身使人从实在上升到外观。在眼睛和耳朵里，已经由感官中排斥掉素材的侵扰，在动物性感官中要直接触知的对象现在远离了我们。我们用眼睛看到的东西不同于我们感觉到的东西，因为知性随着目光达到对象。触觉的对象是我们承受的一种作用力，眼睛和耳朵的对象是我们创造的一种形式。当人还是野蛮人的时候，他就只享受到触觉的快乐，在这个阶段外观的感觉只是为触觉服务的。他或者完全没有提高到视觉，或者并不满足于视觉。当他开始用眼睛来享乐时，视觉对于他获得了独立的价值，他也就具有了审美自由，使游戏冲动得到了发展。

以外观为快乐的游戏冲动一出现，立刻就产生出模仿的创造冲动，这种冲动把外观作为某种独立的东西来对待。只要人能够区别外观与现实、形式与物体，他就能够把它们分开。因此他区别开它们，也就做到了这一点。模仿艺术的能力一般是与追求形式的能力一起产生的。对艺术的追求是以另一种素质为基础的，至于这种素质在此就不用谈了。审美的艺术冲动发展的或早或迟，只是取决于人们对专注于单纯外观的那种热爱的程度。

因为一切现实的存在都起源于作为外界力量的自然，一切外观都起源于作为具有想象力的主体的人，所以当人把外观由现实存在中取出并按照自身的法则安排外观的时候，他不过是行使自己的特权而已。人能以无限的自由把自然所分离开的东西结合起来，只要他能结合在一起来思考。他也能把自然所结合的东西分开，只要他能在他的知性中把它们分离开来。在这里唯一神圣的东西是他自身的法则，只要他注意区分出他的领域与对象存在或自然领域的界限就行。

人在外观的艺术中行使人的支配权。他在这里越严格地区分出我的和你的，越仔细地分割形象与实质，越知道给形象以更大的独立性，那么他就不仅越发扩大了美的王国，而且越发保护了真实的疆界。因为他若不能使现实摆脱外观，就不能清除外观中的现实。

然而他只是在外观的世界中，在想象力的非实体的王国里，才据有这种至高无上的权力。这只有当他在理论上真心实意地否定它的存在，在实践上拒不由此给出存在时才行。由此可以看出，如果诗人要赋予他的理想以存在或他以一定存在为目标，那么他也会超越自己的界限。因为他只有按以下办法才能实现上述两种情况：或者超越诗人的权利，用自己的理想取代经验领域，用单纯的可能性规定现实的存在；或者放弃诗人的权利，让经验取代理想的领域，把可能性局限在现实的条件之内。

只要外观是真正的（明确放弃对实在的一切要求），而且只要它是独立的（无须实在的任何帮助），那么外观就是审美的。只要它是虚伪的并捏造实在，只要它是不纯粹的并须借助实在发挥作用，那么外观就无非是素材目的的低下工具，并且也丝毫证明不了精神的自由。我们发现美的外观的那种对象无须失去实在，只要我们关于对象的判断不注意这种实在就行了。因此判断一注意到实在，它就不是审美的了。与描画出来的女性美相比，我们当然同样喜欢甚至更加喜欢活的女性美，但只要我们更喜欢后者，那么我们就不仅把她作为独立的外观，我们喜欢她就不仅是由于纯粹的审美感了。纯粹的审美感把活的对象也只能作为外观、把现实的东西也只能作为观念来欣赏。但是，把活的对象只当作纯粹的外观来感受，比对待没有生命的外观则要有更高的审美教养。

在任何个人或整个民族那里,只要我们找到真正和独立的外观,我们就能推断出精神、趣味以及与此相近的优异之处。只有在那里我们才能看到理想支配现实生活,荣誉战胜财产,思想战胜享乐,不朽的梦想战胜存在。只有在那里民众的呼声才是唯一令人畏惧的,诗人的橄榄花环比当权者的紫色锦袍更受人尊敬。只有软弱无力与乖戾反常才逃避到虚伪和贫弱的外观中,而个人和整个民族"借助外观粉饰实在或借助实在粉饰(审美的)外观"——这两者喜欢彼此相连——就证明他们在道德上毫不足取,在审美上无能为力。

"外观在道德世界中可以存在到什么程度?"对于这个问题的回答是简单明确的:只要它是审美的外观,也就是说,外观既不要代替实在,实在也不须代替外观。审美的外观绝不会危及道德的真理。哪里情况不是这样,在那里就很容易发现,这种外观不是审美的。例如,只有不熟悉美的交往的人才把普通形式的礼貌的确保看作个人爱好的标志,他一旦失意就抱怨起它的虚伪来。但是只有对美的交往什么也不懂得的人为了礼貌才求助虚伪,为了讨人喜欢才求助于阿谀。前者(不熟悉美的交往的人)仍然缺乏对独立外观的理解，因此只有通过真理才能赋予外观以意义；后者（完全不懂美的交往的人）缺乏实在，他想用外观来弥补。

往往会听到当代一些平庸的批评家的抱怨：实在性从世界上消失了，本质由于外观而被忽视。虽然我丝毫不感到有责任为当代辩护而反对这种指摘，但是从这些严厉的习俗评论家的指摘所具有的广大范围就十分清楚，他们之所以抱怨当代，不仅是因为虚伪的外观，而且也是因为真正的外观。甚至他们为美着想所做出的例外，与其说是与独立的外观相关，倒不如说是与贫弱的外观相关。他们不仅攻击那些掩盖真理和代替现实的欺骗的粉饰，而且还嫉妒那填补空虚和遮盖贫穷的有益的外观，也嫉妒使普通现实高贵化的理想的外观。世俗的虚伪性不无理由地嘲弄了他们的严厉的真实感，只可惜他们把礼节也算作虚伪性。他们不喜欢外部浮华的虚饰损害真正的贡献，但他们竟然不喜欢人们也向贡献要求外观，赋予内在的内容以爽心悦目的形式。他们不满于缺乏往昔时代的诚恳、英勇和真挚，但他们也希望重见原始习俗的笨拙和粗野、古老形式的沉重以及以前哥特式的浮华。这种判断表明他们对材料本身的重视与人性尊严是不相称的。人重视素材只是由于素材可以容纳形象并扩大观念的领域。该世纪的趣味无须听从这种意见，如果它能在更好的判决中经受住考验。美的严峻的审判官责难我们的，不是在于我们重视审美外观（我们做的还远远不够），而是在于我们还没有达到纯粹的外观，我们还没有完全使存在与外观分开，并由此永远确定两者的界限。只要我们没有渴望而不能享受活的自然的美，只要我们没有问明目的而不能欣赏模仿艺术中的美，只要我们还不承认想象力有它自己绝对的立法权，只要我们没有由于重视它的作品而指出它的尊严，那么我们就应该受到这种责难。

# 第二十七封信

如果我在以上书简中所阐释的审美外观的高尚概念可以成为普遍的，那么您就不用为实在和真实担心。只要人还没有足够的教养而在滥用这一概念，它就不会成为普遍的。如果要使它成为普遍的，就要靠教养的作用来达到，从而使滥用这一概念成为不可能。追求独立的外观与局限于实在相比，要求人有更大的抽象力、更大的心灵自由、更大的意志力。人要达到外观，就要远远超越实在。如果他走上达到理想的道路是为了省略掉走向现实的道路，那他就打错了主意。我们不必顾虑外观对现实有什么危害，然而我们要顾虑现实对外观的危害。由于被束缚在物质上，人长期以来都让外观只为他的各种目的服务，后来才在理想的艺术中给外观一种独特的身份。为此人的整个感受方式必须经过一次全面的革命，否则人就连通向理想的道路也找不到。在我们发现对纯粹外观进行无利害关系的自由评价的痕迹时，我们就能推测出他的本性已经经历这种变革，他的人性真正开始了。这种痕迹实际上在人最初美化他的生存的粗陋尝试中就已经看到了，他们这样做甚至不怕由此损害了生存的感性内容。只要人开始偏爱形象而不偏爱素材，并为了外观（他必须认出是外观）而舍弃实在，他才突破了他的动物的圈子，走上一条无止境的道路。

不满足于自然和他所欲求的事物，人要求有所盈余。起初当然还只是一种物质的盈余，这是为了免使欲望受到限制，保证不仅限于目前需要的享受。但后来就要求在物质的盈余上有审美的补充，以便能同时满足他的形式冲动，以便使他的享受超出各种欲求。当他还只是为了将来的使用在积累储备，在想象中预先享受它们时，他当然已经超越现时，但是并没有越出时间界限。他只是享受得更多，而不是享受得不同。但是当他把形象也放在享受之列，对满足他的欲望的对象注意到形式时，他就不仅在范围和程度上提高了他的享受，而且在种类上也使他的享受高尚化了。

诚然，大自然给予非理性生物的也超出它们的绝对需要，并在幽暗的动物生活中也投下了一束自由的微光。当狮子不受饥饿所迫，无须和其它野兽搏斗时，它的剩余精力就为本身开辟了一个对象，它使雄壮的吼声响彻荒野，它的旺盛的精力就在这无目的的使用中得到了享受。昆虫享受生活的乐趣，在太阳光下飞来飞去。当然，在鸟儿的悦耳的鸣啭中我们是听不到欲望的呼声的。毫无疑义，在这种运动中是有自由的，但这不是摆脱了一般需要的自由，而只是摆脱了某种外在需求的自由。当缺乏是动物活动的推动力时，动物是在工作。当精力的充沛是它活动的推动力，盈余的生命力在刺激它活动时，动物就是在游戏。甚至在没有灵魂的自然界中也可以看到这种力量的浪费和使命的松弛，就其物质意义来说也可以叫作游戏。树木生长出无数的、没有长成就凋落了的幼芽，它们为了吸收营养伸展出比维持其个体和种属所需更多的树根和枝叶。它们在快乐的运动中浪费掉树木还给大地的大量没有使用和享受过的东西。因此，自然在它的物质王国中已经预示出无限的前奏，在这里已经部分地解除了在形式的王国中它将完全解除的枷锁。由需要的强制和自然的严肃性经过盈余的强制和自然的游戏，才能转变到审美的游戏。在它还未超越各种目的的束缚上升到美的高尚自由境界之前，它就已经在自由运动中逐渐走向（至少是在某种距离上）这种独立性，这自由运动本身同时是目的也是手段。

像人的身体器官一样，人的想象力也有它的自由运动和物质游戏，在这里它还不涉及形象，只是以其自身的力量和无拘无束为快乐。因为形式还没有参与这种幻想的游戏，它的全部魅力还只是在一种意象的无控制的承续。这种游戏虽然是人所特有的，却完全属于他的动物性生活。它只说明人已从各种外在的感性强制下解放出来，还不能推断他已有一种独立的创造形象的能力。[1]由意象的自由

---

[1] 日常生活中流行的大多数游戏，或者是完全建立在意象自由承续的这种情感上，或者借用了这种情感的最大魅力。它本身虽然完全证明不了禀赋更高的本性，而且最软弱的心灵才沉溺于这种自由的意象流，然而想象对外部印象的这种独立性至少也是想象的创造能力的消极条件。形象创造力只有摆脱了现实，才能上升到理想。想象力在根据自身规律进行创造活动以前，一定在其再现的过程中摆脱了外在规律。诚然，从单纯无规律性到独立的内在立法还必须迈出很大的一步。这里必须介入一种全新的力量，即观念的能力，但这种力量以后很容易发展，因为感官不抗拒它，而无规定的事物至少消极地近似于无限的事物。

——作者原注

承续所构成的这种游戏还完全是素材的,只要根据单纯的自然规律就可以得到解释。从这种游戏出发,想象力在它的追求自由形式的尝试中,终于飞跃到审美的游戏。这应该叫作飞跃,因为在这里出现了一种全新的力量,一种立法的精神初次干预盲目本能的活动,使想象力的任意活动服从于它的永恒不变的统一,把它的独立性纳入变化的事物中,把它的无限性纳入感性的事物中。但是只要粗野的自然还过于强大,除了不断地从一种变化走向另一种变化之外不知道有别的规律,那么它就用自己不可抑制的任意活动来对抗必然性,用自己的不安定来对抗恒定性,用自己的依赖性来对抗独立性,用自己的不满足来对抗崇高的朴素。在这种最初的尝试中还几乎察觉不出审美的游戏冲动,因为感性冲动不断地以其恣意的癖好和粗野的欲望进行干预。因此,我们看到粗野的趣味首先抓住新鲜的和令人惊异的、五光十色的和稀奇古怪的事物以及激烈的和粗野的事物,而却回避开朴素和平静。这种趣味创造出风格奇异的形象,喜爱迅速的变化、华丽的形式、鲜明的对比、夺目的色彩和令人感伤的歌曲。在这个时代只有激起这种趣味并给它以素材的事物才叫作美的,然而激发起来是为了进行独立的抵抗,赋以素材是为了可能的创造,否则它对于这种趣味也不会是美的。因此，他的判断的形式产生了引人注目的变化，他之所以寻求这些变化，并不是因为它们给予他什么东西，而是因为它们使他行动起来；他之所以喜欢这些对象，不是因为它们可以满足需求，而是因为它们可以满足从他内心道出的一种法则，虽然这一法则的作用还很微弱。

不久他就不再满足于事物使他喜欢，他想由自身取得快乐，最初是通过属于他的事物，后来就通过他本身。他所拥有和创造的事物，不能再只具有用性的痕迹、只具他的目的的过分拘谨的形式，除了有用性以外，它还应该反映那思考过它的丰富的知性、制造了它的抚爱的手以及选择和提出了它的爽朗而自由的精神。这时，古德意志人为自己寻找更光泽的兽皮、更华美的鹿角、更雅致的角杯，而古苏格兰人为自己的庆宴寻找更美丽的贝壳。甚至武器这时也不仅能成为恐怖的对象，而且能成为享乐的对象。工艺精美的剑带也像能够格斗的剑刃一样要引起人们的注目。不满足于把审美的盈余纳入必然的事物，自由的游戏冲动终于完全挣脱了需要的枷锁，从而美本身成为人所追求的对象。人装饰自己。自由的乐趣纳入了他的需求之列，非必需的东西不久就成了他最大的快乐。

正如形式逐渐地由外部深入到他的住宅、家具、服装，后来开始掌握人本身那样，形式起初改变人的外部，然后改变人的内部。喜悦的无规则跳跃成为舞蹈，无定形的手势成了优美而和谐的手势语言，情感产生的混杂音响发展到服从节奏而编成歌曲。特洛伊军队尖叫着像群鹤那样冲入战场，而希腊军队则以高雅的步伐悄悄地接近战场。在前一种场合我们只看到盲目力量的奋勇，在后一种场合我们看到形式的胜利和规律的纯朴庄严。

一种更美的必然性现在把两性结合在一起，内心的关注有助于维持喜怒无常的欲望所结成的这一关系。摆脱了疑虑的枷锁，安详的目光可以把握住形象，心灵直观心灵，高洁的相互倾慕可以取代自私自利的互相享乐。随着人性出现在自己的对象中，欲望扩大并发展成爱。为了取得对意志的更高贵的胜利，人们轻蔑对感官的卑微的利益。对需求的快乐使强者听从趣味的温良判决，他可以掠夺快乐，而爱却必须是一种馈赠。他只有通过形式，而不是通过素材才能取得这个更高的奖赏。他必须不再以力量干预情感，并以现象出现在知性面前。他要想取悦于自由，就必须听任自由的作用。正如美在它最简单、最纯粹的例证即两性的永恒对立中解决不同本性的争端一样，它在错综复杂的社会整体中解决这一争端——至少力争把它解决——并按照男性的强大和女性的温柔之间所缔结的自由结合的范例,力求在道德世界中使柔和的事物与激烈的事物调和起来。现在,软弱的成为神圣的,不可驾驭的强大成为可耻的,自然界的不公平为骑士风尚的宽宏大度所矫正。不惧怕任何威力的人可以在羞怯的温柔红晕之前解除武装,眼泪可以平息任何鲜血不能满足的复仇心。甚至憎恨也要倾听荣誉的柔和声音,胜利者的刀剑也要饶恕解除了武装的敌人,慷慨好客的炉灶也会为凶险海岸边的不速之客冒起炊烟,而从前这种人只有被杀害的危险。

在力量的可怕王国中以及在法则的神圣王国中,审美的创造冲动不知不觉地建立起第三个王国,即游戏和外观的愉快的王国。在这里它卸下了人身上一切关系的枷锁,并且使他摆脱了一切不论是身体的强制还是道德的强制。

在权力的力量的国度里,人和人以力相遇,他的活动受到限制。在安于职守的伦理的国度中,人和人以法律的威严相对峙,他的意志受到束缚。在有文化教养的圈子里,在审美的国度中,人就只须以形象显现给别人,只作为自由游戏的对象而与人相处。通过自由去给予自由,这就是审美王国的基本法律。

力量的国度只能通过自然去驯服自然的方式，使社会成为可能。伦理的国度只能通过使个人的意志服从公共意志的方式，使社会（在道德上）成为必要。只有审美的国度才能使社会成为现实，因为它通过个体的本性去实现整体的意志。需求使人进入社会，理性在他心中树立起社交的原则，而只有美能赋予他社交的性格。只有审美的趣味能够给社会带来和谐，因为它把和谐建立在个人心中。一切其他形式的观念都使人分裂，因为它们或者单独地以人的存在的感性部分或者单独地以人的精神部分为基础，只有美的观念才使人成为整体，因为它要求人的两种本性与它协调一致。一切其他形式的交流都使社会分裂，因为它们或者只是涉及社会个体成员的私人感受，或者只是涉及他的私人能力，即涉及人与人之间不同的东西。只有美的交流才使社会统一起来，因为它涉及大家共同的东西。感官的快乐我们只能通过个体来享受，而不能通过我们生存的类来享受。我们不能把我们的感官快乐普遍化，因为我们不能把我们的个体普遍化。认识的快乐我们只能作为类来享受，因为在我们的判断中我们精心地排除了个体的任何痕迹。我们不能把理性的快乐普遍化，因为我们不能像在我们自己的判断中那样，由其他人的判断中清除掉个体的痕迹。而只有美，当我们同时既作为个体又作为类，也就是作为类的代表时才能享受到它。感性的善只能使一个人幸福，因为它是以独占为基础的，而独占总是排他的。它只能使人片面地幸福，因为个性没有参与其中。绝对的善只有在一般无法假定的条件下才能使人幸福，因为真理只是忘我的代价，只有纯洁的心才相信纯洁的意志。只有美才能使全世界幸福，谁要是受到美的魔力的诱惑，他就会忘掉自己的局限。

只要审美的趣味占主导地位、美的王国在扩大，任何优先和独占权都不能容忍。这个王国向上一直伸展到理性以绝对必然性统治着、一切素材消失不见的地方；这个王国向下一直伸延到自然冲动以盲目的力量支配着、形式还没有产生的地方。即使在这些极端的范围，当它的立法权被剥夺时，审美趣味也不允许剥夺它的执行权。个人的欲望必须放弃它的自私自利，只吸引感官的那种愉快也必须把它的魅力之网撒向精神领域。必然性的严厉声音——义务——必须改变它只为反抗申辩的非难的公式，用更高贵的信任来尊重驯顺的本性。审美趣味在常识的公开天地中由科学的神秘中引出知识，把所有学派的知识变成整个人类社会的共同财富。在审美趣味的领域，甚至最伟大的天才也得放弃自己的高位，亲切地俯就儿童的理解。力量要受娴雅美丽的女神们的约束，高傲的狮子也要服从爱神的钳制。为此，审美趣味以自己轻柔的面纱覆盖着肉体的欲求，以免这种欲求在赤裸裸的形态下会辱没自由精神的尊严。审美趣味还用自由的可爱幻影把同素材的有失体面的关系对我们隐藏起来。甚至那摇尾乞怜的、充满铜臭的艺术，如果让审美趣味给加上翅膀，也会从地上飞升起来。只要审美趣味的手杖一碰，奴役的枷锁就会从有生命和无生命的东西上脱落。在审美的国度中，一切事物——甚至使用的工具——都是自由的公民，同最高贵者具有同等的权利。在这里，使驯顺的群众服从自己目的的那种知性，也要去征求他们的同意。这里，在审美外观的王国中，实现了平等的理想，这种理想是那些醉心于此的人早就愿意看到其实现的。如果确实是在王座附近美的音调成熟最早、最完善，那么在这里也必然看到仁慈的命运，它好像是在现实中限制人，推动他进入一个理想的世界。

　　但是，这样一种美的外观的国度是否存在？在什么地方可以找到？作为一种需求，它存在于每个优美的心灵中；作为一种行为，它像纯洁的教会和纯洁的共和国那样，也许只能在少数优秀的社会圈子里找到。在那里，指导行动的不是对外来习俗的呆板模仿，而是人们自己美的本性。在那里，人以勇敢的单纯和宁静的天真走过最复杂的关系网，既无须以损害别人的自由来保持自己的自由，也无需牺牲自己的尊严来表现优雅。

# 〔附录〕论美书简
## ——致克尔纳论美的信

### 耶拿，1793年1月25日

……在美学中几乎每一部分都离不开美，对美的探讨把我带进了一个广阔的天地，这对我还是十分陌生的领域。如果要想取得一些令人满意的成果，我就不得不把握它的整体。客观地建立美的观念，使它完全得到经验的认可，对它的有效性完全不需要经验的保证，就要按照理性的本性完全先验地对它作出证明。要做到这一点是困难的，这一困难几乎是无法克服的。我确实对我的美的观念作了演绎的尝试，但是没有经验的证据它就无法成立。人们之所以承认我的解释，只是因为人们认为这种解释符合各人的审美趣味的判断，而不是认为（如在根据客观原理进行认识时那样），在经验中他对个别美的事物的判断之所以正确，是因为他的判断与我的解释是一致的。如果情况是这样，那么这种困难总是存在的。你可能会说，这一点正好符合要求。但是只要人们不能做到这一点，那么就如康德所认为的那样，审美趣味总是不可避免地停留在经验上。然而，对于审美趣味不可避免地只能停留在经验上而不能建立客观的原理这一点，我是不相信的。

有趣的是指出下面一点，即我的理论是解释美所可能有的第四种形式。人们可以把美解释成客观的或主观的，就是说：或者是感性—主观的（如博克等人），或者是主观—理性的（如康德），或者是理性—客观的（如鲍姆嘉登、门德尔松及主张美在完善的那些人），或者最后是感性—客观的。当然，除非你对那三种形式作了相互比较，否则你现在还不能充分地理解这一术语。前面的三种理论中，每种都包含一定的经验，也都具有一定的真理。其缺点似乎只是在于，它们都是把与美相一致的某一部分当作美本身。与沃尔夫学派不同，博克学派提出美的直接性，美不依存于概念，这种主张是正确的。但是针对康德学派，他们把美仅仅作为感性的感受性则是不正确的。在思想中浮现的绝大多数的经验的美不是完全自由的美，如所有的艺术作品和大多数的自然美，是处于一定目的概念下的逻辑的东西。这种情况会错误地导致，把美当作直观的完善性。这样，就把逻辑的完善与美相混同了。康德提出了动的美和固定的美，即自由美和依附美，希图以此来克服这一难点。其独特之处在于，他认为处于目的概念下的各种美不是纯粹的美，因此他认为阿拉伯纹样以及类似的东西作为美来说，比人的最高的美更纯粹。我以为，他的这种说法对于区分审美的东西与逻辑的东西很有好处。但是，归根结底它仍然没有使我完全弄清美的概念。如果美克服了它的对象的逻辑本性，在其中就可以闪现出美的最大光辉。然而如何克服这一点，何处会没有阻力？美如何能赋予完全无形式的素材以它的形式？我起码确信，美只是一种形式的形式。我们称作它的素材的东西，只能是赋予了形式的素材。完善性是一种素材的形式，美与此相反，是这一完善性的形式。因此，完善性与美的关系如同素材与形式的关系。

## 耶拿，1793年2月18日

……诚然，任何不朽的人物都没有说过像康德所说的这样的话，这同时是他的整个哲学的内容：由你来规定你自己，这就像在理论哲学中所说的，自然从属于知性法则。自我规定的这一伟大观念由某些自然现象中反映出来照耀着我们，我们就把这一观念称作美。

刚才我离开了我自己的话题，现在我继续已经开始的论述。我希望你能像我那样兴味盎然地倾听我的说明。

对自然或各种现象有这样一种观点，按照这种观点我们对它们的要求无非是自由。我们所注意的只是它们是否是由自身规定的那个样子。这种评价只有通过实践理性才是可能的和重要的，因为自由的概念在理论理性中是根本不存在的，只有在实践理性中自律才优先于其他一切。适用于自由行动的实践理性要求行动只由行为方式（形式）的缘故产生，而不受素材或目的（它也总是素材）的影响。当一个对象在感性世界中表现出只由自身规定，也就是说，它对各种感性的表现使我们在它身上看不出素材或目的的影响，那么我们把这个对象判断为纯粹意志规定的相似物（然而不是意志规定的产物）。因为能按照单纯形式规定的意志才称为自由,所以在感性世界中表现出单纯由自身规定的那种形式就是自由的表现。概念与直观相结合,两者共同分有同一认识规则,这种概念称为被表现的。

现象中的自由,只要它是直观地表现出来的,无非就是对一个事物的自我规定。我们把它与由外部的各种规定相对立,同样我们也把由物质根据的各种规定与道德的行为方式相对立。如果一个对象的形式是由自然力或由知性的目的所获得,只要我们在这两者任何一个之中见出了它的形式的规定根据,那么这个对象就不是自由的表现。因为在这些情况下,规定的根据都不是在它们自身,而是在它们之外。正如一个由某种目的产生的行为不算道德行为,那么这个对象同样不是美的。

如果鉴赏力判断是完全纯粹的,那么就必须完全摆脱开以下考虑:美的对象对于自己本身具有什么样(理论或实践)的价值,它是由什么素材构成的,它是为什么目的而存在的,等。它愿意是什么都可以!只要我们对它作审美判断,那么我们就只要知道,它是否是由它自身规定的那个样子。我们很少过问对象的逻辑属性,我们把它"对目的和规则的独立性看作是最大的优点"——这并不是说，好像合目的性与合规律性本身与美是不协调的，相反各种美的作品都必须服从规律。美的作品可以也必须是合规律的，但它又必须表现出独立于规律。其所以如此是因为任何目的和规律的明显的影响都会表现出强制，并导致对象本身产生他律。

但是只要我们就对象加以思考，那么在自然中任何对象都不是摆脱了目的和规律的，也没有由自身规定的对象，这在艺术中就更加如此。每一个对象都是由另一个对象规定的，每一个对象都是由于其他对象而存在，任何对象都不是自律的。我们只能在现象之外的智力世界中去寻找唯一由自身规定并为了它自身而存在的事物。但是，美只寓居于现象的领域，所以没有希望利用单纯的理论理性通过思考的途径找到感性世界的自由。

如果我们抛开理论探讨，并且只按照对象所表现出来的样子看待它，那么一切就不同了。一个规律或目的绝对不能表现为现象，因为它们是概念而不能直观。一个对象可能性的现实根据也绝不会进入感性之中。"只要不使得知性去寻找它"，这种现实根据就好像不存在。为了把一个对象在现象中判断为自由的，这里重要的是完全排除规定的根据（因为不由外部规定的否定概念就是由自身规定，这是它唯一可能的概念。因为我们只能思考自由而绝不能去认识自由，甚至道德哲学家也必须借助于这种自由的否定概念）。只要我们既不会在形式之外找到它的根据，又不会使得我们到形式之外去寻找根据，那么这一形式就表现了自由。因为知性若要寻找它的根据，就必然会在事物之外去寻找这种根据；因为它若不是由概念就是由偶然规定的，这两者对于对象都是他律的。我们可以把以下的话作为基本原则：当对象的形式不要求思考的知性去寻找根据时，那么这个对象在直观中可以见到自由，一个形式由自己来说明就可以称作是美的。在这里由自己来说明就是不借助于概念的说明。一个三角形只有借助于概念才能说明自己，一个蛇形（波浪）曲线并不借助于概念的媒介就可以说明自己。

我们可以说，一个形式不要求说明或不用概念来说明，它就是美的。

我以为，你的一些疑窦现在应该开始消除了，至少你可以了解，主观的原理确实可以转化为客观的原理。如果我们开始进入经验的领域，那么你就会得到完全不同的说明，那时你才会正确理解感性的自律。但是，接下去：我们在一定概念的前提下才能获得的形式在现象中表现为他律。因为对于对象说来，每一概念都是某种外在的东西。这种形式具有严密的合规律性（其中首先是数学形式），因为这种形式把构成它的概念强加给我们；这种形式具有严格的合目的性（特别是实用的合目的性，因为它总是和其他一些东西相关），因为它使我们想起对象的规定和应用，由此必然破坏了现象中的自律。

假设我们借助于一个对象来达到某种道德意图，那么这种对象的形式就是由实践理性的理念而不是由它自身规定的，因此是他律的。所以，一个艺术作品或一种行为方式的道德的合目的性并不会直接有助于对象的美。如果它为了不失去美，就必须把这种合目的性隐藏起来，并由事物的本性（自然）中完全自由而无强制地产生出外观。如果诗人的诗作不美，他用他的作品的道德意图来辩解将是徒劳的。美虽然总是与实践理性相关，因为自由不可能是理论理性的概念，但是只是按照形式，而不是按照素材。然而，道德的目的是属于素材或内容的，不属于纯粹的形式……

## 耶拿，1793年2月23日

我至今所要证明的结论是：存在着这样一种事物的表现方式，它脱离了所有其余的东西而仅仅使我们见出它的自由，即它是由自身规定的。这种表现方式是必然的，因为它来源于理性的本质，理性在其实际应用中必然要求各种规定的自律。

事物的被我们称为美的那种特性与自由在现象上是同一的。这一点还没有得到证明，这正是我们现在的任务。因此，我必须说明这两点：第一，使事物表现出自由的那种客观的属性，只要有它在，尽管没有其他特性，也可以赋予事物以美；如果没有这种属性，尽管具有其他特性，事物的美也会消失。第二，我必须证明，在现象中的自由必然对情感功能产生这样一种作用，这种作用完全等同于我们伴随美的表象所产生的效果（然而，对后者作出先验的证明可能是一种徒劳，因为只有经验能告诉我们，在表象中会感觉到什么以及应该感觉到什么。当然，因为既不可能由自由的概念中，也不可能由现象的概念中，分析地得出这种情感，同样不可能进行先验的综合。所以，我们在这里完全限于经验的证明，总是通过这种证明来达到这一点。换言之，通过归纳和心理学方法来证明，由自由与现象相结合的概念中，即与理性相和谐的感性中必然会产生一种快乐的情感，这种情感与通常伴随美的表象所产生的快感是相同的）。此外，对后一种情况的探讨还来不及，因为对前者的证明要用好几封信的篇幅。

**现象中的自由与美是同一的**

我上面已经谈到，在感性世界中没有任何事物可以称得上自由，而仅仅是显得如此。但是甚至连积极的自由也显不出来，因为自由只是理性的一种观念，它不适应于直观。只要事物表现为现象，那么当它既不具有也不表现自由时，我们怎么可能在现象中寻找这种表象的客观根据？这种客观根据必然具有这样的性质，即它的表象对我们是完全必然的，可以使我们产生自由的观念，并关系到对象，这是现在所要证明的。自由、由自身规定、由内部规定是同一个概念，各种规定不是由外部产生的，就是由内部产生。因此作为被规定的东西，不是表现为外部的规定就必然表现为内部的规定。"因此，所考察的若是被规定的东西，那么非外部规定的东西间接地来说就是由内部规定的或自由的表现。"

这种非外部规定的东西本身如何再被表现出来呢？一切问题都在这里，因为它在一个对象上不是必然地被表现，那就完全没有理由说是表现出由内部规定或自由。但由内部规定或自由的表现是必然的，因为我们关于美的判断包含有必然性，所以要求所有人的同意。不能把我们在表现对象时要考虑到它的自由这一点转让给偶然性，而是在表现对象时也必须绝对地、必然地一同表现非外部规定的东西。

因此，要求对象本身通过它的客观性质来吸引我们，或者必须发觉它的非外部规定的对象性质。因为若按照它的肯定对立的要求为前提的话，那么只能发觉一种单纯的否定。

要求表现由内部规定的东西（规定的根据）只能由表现被规定的东西产生出来。虽然在一切为我们表现出来的东西中，有一些是被规定的，并不是所有的都是被规定的，然而没有表现出来的东西对于我们就如同完全不存在。因为无可言说的东西与虚无几乎相同。在对象上有些东西使对象由无可言说或空洞的无限序列突出出来，刺激着我们的认识冲动，它必须作为一种被规定的东西来表现自己，因为这种对象应该把我们引导到规定的东西上去。

但是，知性是寻找所产生结果之根据的能力，所以必须使知性活动起来。必须促使知性思考对象的形式，针对形式，因为知性只与形式有关。

对象必须具有并显示出为规律所允许的形式，因为知性只能按照规律执行它的任务。然而知性不需要认识这些规律（因为正如在各种严格合规律性的情况下那样，对规律的认识会干扰自由的显现）。知性只要受某一规律的引导——不一定是哪一种——就足够了。我们可以观察单个的树叶，即使我们排除了目的论的判断，我们也不可能约略地不按全部规律就区分出树叶的多样性。对树叶外观的直接思索就可以告诉我们这些，而不需要去考察这些规律并形成树叶结构的概念。

表明某一规律的形式（允许按某一规律来处理）可以称作技艺的或技巧的形式。只有对象的技巧的形式才促使知性去寻求造成结果的根据以及造成被规定者的规定的东西。因此只要这种形式唤起一种需要，去寻求规定的根据，那么在这里对由外部规定的否定就必然导致由内部的规定或自由的表现。

因此，自由只有借助于技巧才能被感性地表现出来。

与物质的意志规定相反，意志的自由只有借助于因果律才能产生。换句话说，自由的否定概念只有通过其对立面的肯定概念才可以设想。因此，正如为了把我们引到意志自由的观念就需要自然因果律的观念，为了在现象的王国把我们导向自由，也需要技巧的表现。

由此产生了美的第二个基本规定，没有这一规定，前一个规定就成了空洞的概念。现象中的自由虽然是美的根据，但技巧是自由表现的必要条件。

我们也可以这样说：

美的根据总是现象中的自由。我们对美的表现的根据是自由中的技巧。

如果我们把美的两种基本条件和美的表现结合起来，就可以作出如下说明：

美是技艺性中的自然（本性）。

但是，在我对这种说法作出可靠的哲学应用之前，我首先必须规定自然的概念并防止各种误解。我认为自然一词比自由一词好，因为它同时表示出感性的领域，美只限于感性领域。除了自由的概念之外，自由的领域也表现在感性世界中。与技巧相对立，自然是通过自身而存在的，技艺是通过规律而存在的。技艺性中的自然，是由规律本身产生的——它是通过自身的规律而存在的（规律中的自由，自由中的规律）。

如果我说事物的本性（自然），事物服从于它的本性，事物由它的本性来规定，那么我在其中把本性与一切不同于对象的东西对立了起来，把这些东西只看作是对象上偶然的东西并置于考虑之外，它们不会否定对象的本质。这就如同一个事物与所有其他不同种类事物相区别的个性。因此，一个对象与所有其他对象共同具有的那些特性不算是它的本性。它不能放弃这些特性，否则对象就不复存在了。本质这一名称所表示的就是对象是什么，通过这一名称使对象成为被规定的事物。例如，所有物体都具有重量，只有由它的特殊性质所产生重力的那些作用才属于该物体的本性。只要一个物体的重力是自身独立的、不依存于它的特殊性质，就只是作为一般的自然力起作用，那么它就被看作是一种外在的力量，它的各种作用就是他律于事物的自然。可以举一个例子来说明这一点。作为一个物体看待的花瓶是受重力作用的，如果重力不否定花瓶的本性，那么重力的作用就必须通过花瓶的形式而变化，也就是说被规定为特殊的东西必然由这些特殊的形式构成。如果除掉不损害作为花瓶的本身形式的那种作用，花瓶重力的一切作用就都是偶然的。只有当重力的作用好像处于系统之外、处于事物本性（自然）之外，从而才表现为外在的力量。它表现在花瓶的造型下部特别大，因为这看起来好像重力把从花瓶纵向取得的东西给予了花瓶的横向。简而言之，好像重力支配了形式，而不是形式支配重力。

对于运动的情况也是如此。如果运动是由事物的特殊特性中或事物形式中必然产生的，那么这种运动也属于事物的自然（即本性）。不依赖于事物的特殊形式而是由重力的一般规律中产生的运动，则处于事物的本性之外，并表现为他律的。我们将沉重的拉货车的马的步伐与轻快的西班牙式马步相比较，拉货车的马习惯于拉重载，由它的运动中取得了自然性，它即使在不拉车的情况下，这种马也会迈着疲沓的沉重的步子，好像它还在拉车一样。这种马的运动不再出自它的特殊本性（自然），而显示着它所拉之车的重载。轻松的马步则相反，它绝不会习惯于用更大的力量，比它在最大自由中发挥出来的更大。因此，它的各种运动是它自身本性（自然）的作用，所以这种马在活动时显得如此轻松，它在拉车时也以这种马步走过拉货车的马以沉重的步子走过的同一段路面，好像完全没有重载一样。"我们对于这种马完全不会想到，它是一个物体，因此在这里特殊的马的形式克服了必须服从于重力的一般物体的本性。"反之，运动的沉重感使拉货车的马在我们的表象中瞬时成了一种物质质量，骏马的原有本性在这里被一般物体的本性所湮没。

如果我们对动物界作短暂的一瞥，那么我们就会发现，当动物接近于物质质量并且只受重力支配时，就减弱了动物的美。动物的自然（在这个词的审美意义上说），既表现在它的运动上也表现在它的形式中，两者均受到物质质量的限制。如果质量对形式产生了影响，我们称它为臃肿，如果质量对运动产生了影响，我们称它为笨拙。在象、熊和牡牛等的形体上，正是质量既对这些动物的形式又对其运动产生了显著的影响。但是，当重力对于有机体自身的本性（自然）是作为一种外在力量时，质量总是要服从重力的。

相反，在质量完全受形式和（在动植物界）受生命力（使有机体产生自律的力量）的支配的地方，我们到处都感觉到美。

马的质量显然无可比拟地大于鸭子或龙虾的质量，然而鸭子笨重马轻快，仅仅是因为两者生命力与质量的关系不同。前者是素材支配着力量，而后者是力量支配着素材。

在动物界中，鸟类是我的命题的最好证据。飞行中的鸟是由形式征服素材、由力克服质量的最恰当的表现。说明这一点很重要：征服质量的能力往往用作自由的象征。我们给马插上翅膀，由此我们表现出想象力的自由。当我们要表现由素材的束缚中摆脱出来的自由，我们就让心灵插上蝴蝶的翅膀由地上飞起来。显然，重力是每一种有机体的桎梏，制服重力的胜利给出了自由的相应的感性图画。带有翅膀的动物是由内在生命（有机体的自律性）中直接针对重力而作出规定的，它是战胜了重量的最恰当的表现。重力与鸟的生命力的关系就如同——在纯粹意志规定中——欲望与立法的理性的关系。

关于人的美，我不打算就我的观点的正确性作更直观的说明。这应该是另外一封信的任务。由上述内容你可以看出，我把什么内容算作（自然）本性（在审美意义上）的概念，而把什么排除在外。

技巧性事物的本性，就与非技巧性事物相对立而言，是它的技巧性形式本身。由此，所有其他不属于这种技巧性系统的东西被看作是外部的，如果它产生了影响的话，则作为他律的和作为外力来看待。但是这还不够，一个事物显得只是由它的技巧来规定——是纯粹技巧性的，因为它也包括各种严密的数学图形，这还谈不到美。技巧本身也必须见出是由事物的自然（本性）所规定的，我们可以把这称为事物对它的技巧的自由意志的承诺。这里又把事物的自然与它的技巧作了区别，因为前面是把技巧与事物的本性作为同一个东西说明的。但是，这种矛盾只是表面的。由外部规定的关系中可以看出，事物的技巧形式是本性。然而，由事物内在本质的关系中可以看出，技巧形式仍然是某种外在的、异己的东西。例如，圆的本性是一条与某一给定点（圆心）等距的曲线。如果一个园丁把一棵树剪成圆形，这就是要求圆的本性，即树被剪成完全是圆的。只要树表现成圆形，那么就必然满足了要求。反之，如果损害了圆形，则使我们的眼睛感到不快。但是圆的本性所要求的是与树的本性相矛盾的。因为我们不能不承认树有它自己的本性即它的个性。所以这种强制行为使我们感到不快。如果树由它的内在自由消除了强加给它的技巧，我们就会感到愉快。在技巧不是由事物本身形成的地方，它到处都成为某种异己的东西，而不是与事物的整个存在同一的，不是由内部产生的，而是由外部加进来的。它对于事物说来不是必然的和与生俱在的，而是外加的，因此是偶然的。

还有一个例子可以使我们完全理解。当一个工匠在制造乐器的时候，它可以纯粹是技巧性的，而不必考虑到美的要求。一切都是同一个形式，如果全部都是由概念而丝毫不是由素材或工匠方面的缺点来规定它的形式，那么这是纯粹技巧的。就这种乐器来说，只要我们在思想上确立了自发性（αυτον），这种自发性在这里完全而纯粹地具有立法权并支配着素材时，我们就可以说它具有自律。但是，我们把乐器的自发性作为乐器的（自然）本性（由此乐器才存在），那么判断就不同了。它的技巧形式成了某种与它不同的东西，成为不依存于它的存在的偶然的东西，而被看作是一种外力。它说明，这种技巧形式是某种外在的东西，它是通过工匠的知性强加在乐器上的。正如我们所认为的那样，虽然乐器的技巧形式包含和表现了纯粹的自律，这种技巧形式本身对于它赖以存在的事物却是他律的。尽管技巧形式既不受素材方面的又不受工匠方面的任何强制，然而技巧形式却对事物固定的本性施加了强制——只要我们把这一事物看作自然物，它就必须服从于逻辑事物（的概念）。

在这个意义上自然（本性）意味着什么呢？一个事物

存在的内在原理，同时作为事物形式的根据来看待，就是形式的内在必然性。形式在最原始的意义上必然同时是自我规定和自我被规定。它不仅仅是自律，而且是他律。但是，你也许会提出异议：如果为了产生美必须使形式与事物的存在完全同一，那么绝不会具有这种自我立法的艺术，它的美又在哪里呢？当我们谈到艺术美的时候，我将回答你这个问题，因为这需要单独的一章。事先在这里我只能说，艺术也不能拒绝这种要求，艺术的各种形式若要实现美的最高要求，那么它也必须与赋予了形式的存在相同一。因为，艺术形式不能成为现实的东西，因为在一块大理石上人的形式总是偶然的，艺术形式起码必须这样表现出来。

那么技艺性中的自然是什么呢？什么是技巧中的自律呢？它是内在本质与形式的纯粹一致，这是事物本身所服从的同时又是给出的一个规律（由于这种原因，在感性世界中只有美才是自身完成或完善的象征，因为它不像合目的的事物那样需要与某些外在的东西相关，而是自身提出命令同时自身又服从，并实现其自身的规律）。

当我谈到自然（本性）与自我规定、自律与自我立法、自由与技艺性的时候，我希望使你能顺利地理解我所讲的内容。你也会同我取得一致的认识，这种自然与自我立法是对象的客观属性，我把这些属性归结于对象，因为即使完全不考虑产生表象的主体，这些属性仍然属于对象。这两种自然本质之间的区别，其中一种完全是形式，表现出生命力对质量的完全支配，但另一种却被它的质量所征服，即使在完全排除了进行判断的主体以后，仍然残存着。同样，由知性产生的技巧与由自然（如在所有的有机体中）产生的技巧之间的区别是完全不依存于理性主体的存在的。这种区别是客观的，因此它也是技巧中的自然的概念，这一概念正是以此为基础的。

当然，正如在美中的情况那样，为了应用事物的这种客观特性，理性也是必要的。但是，这种主观的应用并不排除根据的客观性，因为在完全的、善的和功利的事物中也有这种情况，而不会考虑到这种谓项的客观性的不足。"当然，自由的概念本身或者它的肯定的东西，只有在意志的形式下加以考察时，才由理性加到对象上去，但是理性不给予对象以这一概念的否定的东西，然而理性在这一对象中早已发现了它。虽然自由只存在于理性之中，而给对象以自由的根据却在对象本身之中。"

康德在他的《判断力批判》(第177页)中提出了一个

内容非常丰富的命题。依我看来，只是由我的理论才对这一命题作出了说明。他说：自然是美的，如果它看起来像艺术一样；艺术是美的，如果它看起来和自然一样。因此，这一命题使技巧成为自然美的基本要求，使自由成为艺术美的基本条件。但是，因为艺术美在自己本身已经包含了技巧的理念，自然美在自身已经包含了自由的概念。因此，康德自己承认，美无非是技巧中的自然，是技艺性中的自由。

首先，我们应当知道，美的事物是自然物，也就是说，由于自身而存在的。其次，它对我们表现出好像是通过某种规律而存在，因为康德告诉我们，美的事物看起来就像艺术一样。它由于自身而存在和它通过某种规律而存在，这两者只有以下面的唯一方式才能结合起来，即当我们说：它是由自身给出的某一规律而存在。这就是在技巧中的自律，在技艺性中的自由。

由上述内容看来，似乎自由和技艺性对于美使我们产生的快感具有完全相同的要求，似乎技巧与自由处于同一行列。我在对美（现象中的自律）的解释中仅仅涉及到自由，谈论的完全是技巧，这似乎是非常错误的。然而，我的定义是经过缜密权衡作出的。技巧与自由对于美并不具有同样的关系。自由只是美的根据，技巧只是我们自由表象的根据——前者是直接的根据，后者只是间接的美的条件。技巧只有在它用于唤起自由的表象时才对美有所贡献。

或许我可以用下述方式来阐述这一命题——上述内容中其余部分已经比较清楚了。

我们可以用自己的眼睛看到自然美，它是由于自身而存在的，也是通过某种规律而存在的。这一点不是感性告诉我们的，而是知性告诉我们的。然而，规律与自然的关系就如同强制与自由的关系一样。因为我们对规律只能思考，但自然可以使我们看到。所以，我们去思考强制而看到自由。知性期待并要求规律，感性告诉我们事物是由于自身并不是通过规律而存在的。如果我们依靠技巧，那么使我们产生快感的那种期待的落空必然使我们不快。因此，我们必须依靠自由，而不能依靠技巧。我们以为有理由从事物的形式推论出逻辑起源即他律时，与我们预期的相反，却使我们发现了自律。因为我们对这一发现感到快乐，它同样使我们感到减轻了忧虑（它存在于我们的实践能力中），因此它证明了，我们由合规律性那里得到的好处不如从自由那里得到的好处多。把事物的形式作为依存于某一规律的东西来思考，这仅仅是我们理论理性的一种需要。但是不通过规律而由自身存在，则是我们的感性所获得的事实。但是我们如何能使技巧具有审美价值，并愉快地感到它的对立面是实在的？因此，技巧的表现只是用以在心灵上唤起对技巧产物的不依赖性并使它的自由更加显而易见。

这使我自己考虑到美与完善之间的区别。一切完善（属于道德的绝对完善除外）都包含在技巧的概念中，因为它和多样统一是一个东西。由于技巧仅仅间接地对美有所贡献，就是说它可以使人觉察到自由。但是完善包括在技巧的概念中，因此在我们看来是一样的，把美与完善区别开来的只是在技巧中的自由。只要完善的形式纯粹是由它的概念规定的，那么它就可以是自律的，但只有美才具有自身立法权，因为只有在美中的形式才是由内在本质规定的。

具有自由的完善的表现将立即转化为美。当事物的自然（本性）与它的技巧表现出一致，即看起来好像技巧是由事物本身中自发地流露出来时，它就是具有自由的表现。我们也可以将上述内容简要地表述如下：如果一切多样性在其自身与它的概念的统一相一致，对象就是完善的；如果它的完善性表现为它的自然，对象就是美的。如果完善性更加复杂，而自然丝毫不受损害，那么美就增加。因为随着结合量的增大，自由的使命越发困难，而它的幸运的解决就更加使人惊异。

合目的性、秩序、匀称、完善性——人们长期以来认为在这些特性中发现了美，而这些特性与美全然无关。但是，只要秩序、匀称等像在一切有机体中那样属于事物的自然（本性），那么这些特性就是不可侵犯的。但是这不是由于它们自身的缘故，而是由于它们是与事物的自然不可分割。对匀称的拙劣破坏是丑的，但这不是因为对匀称的观察就是美的缘故。全然不是，而是因为对匀称的破坏就是对自然的破坏，这就说明是他律的。我一般地说明：在匀称或完善中寻找美是完全错误的，其错误在于，他们认为对匀称和完善的破坏使对象变丑，由此他们违反所有逻辑而得出结论，美包含在对这些特性的精确观察中。但是，所有这些特性仅仅构成美的质料，这种质料在每一对象中都是可以改变的，它们可能属于真理，而真理也是美的质料。美的形式只是真理、合目的性和完善性的一种自由表现。

如果一个建筑物是按照整体的概念和目的建设起来

的，它的形式纯粹是由它的理念所规定的，那么我们称这个建筑物是完善的。如果我们要见出形式而无需求助于这种概念，如果其形式是自发地、无意图地由它自身流露出来，所有部分都见出受自身的制约，那么我们称这个建筑物是美的。因此，一个建筑物（暂时而言）绝不能成为完全自由的艺术作品，绝不能达到美的理想，因为在建筑物上完全不可能不借助概念地应用台阶、门、烟囱、窗子和炉灶而把他律隐藏起来。因此，只有那种将其根据置于自然（本性）本身之中的艺术美才能是完全纯粹的。

一个容器，如果它与其概念不相矛盾，好像是自然（本性）的一种自由游戏，那么它就是美的。容器上的把手仅仅是为了使用，也就是由于概念而存在的。如果容器应该是美的，那么把手必须是自发地、非强制地由此形成的，而使人忘记了它的规定。但若把手是直角形式的，容器腹部很大而突然收缩成细小的颈部等等，那么这种线条的突然变化就会破坏自发性的全部外观，从而消除了现象的自律。

人的穿戴怎样对我们来说才是美的呢？这就是当不由于身体而损害服装的自由，又不由于服装而损害身体的自由时，当看起来服装与身体互不干扰都能最充分地完成它们的目的时才是美的。美或者说鉴赏力把一切事物看作自身的目的，绝对不允许把这一个事物作为另一个事物的手段，或对另一事物加以束缚。在审美的世界中，每一个自然物都是自由的公民，它们都与最高贵者具有同等的权利，甚至为了整体的缘故也不能受到强制，而要得到绝对同意。在不同于最完善的柏拉图式共和国的这种审美世界中，甚至我身上穿的上衣也要求我尊重它的自由，它像一个羞怯的仆人那样要求我，我要不让任何人注意到它在为我服务。为此它反过来也答应我，在行使它的自由时丝毫不损害我的自由。如果遵守了这两个诺言，那么整个世界就会说，我穿戴是美的。相反，如果上衣很紧，那么我们两者（我和上衣）就都失去了自己的自由。因此，所有过肥和过瘦的服装式样同样都是不美的，因为即使不考虑两者对运动自由的限制，在服装过瘦的情况下，身体是以服装为代价才显示出它的体形；在服装过肥的情况下，上衣遮住了身体的体形，上衣本身的外形膨胀起来使它由自身的主人降低成它的单纯承受者。

白桦、松树、白杨，当它们颀长地向上增长时，是美的；橡树，当它是弯曲的时候，是美的。其原因在于后者以弯曲为好，反之前者以直线为好。如果橡树显得颀长，白桦弯弯曲曲，那么它们就是不美的，因为它们的线条显示出外在的影响或他律。与此相反，如果白杨为风所摇动，那么我们又觉得它美，因为它通过自己的摇摆运动而表现了自己的自由。

画家在画风景画时最喜欢选择什么树呢？肯定是那种能行使其自由的树，这种自由是由栽培树的全部技巧所赋予它的。即使这种树一方面留有空隙，另一方面由于粗暴的袭扰而陷于杂乱，它也不会奴隶般迁就邻近的树，而是本身以某种勇敢精神超越出并打破它的秩序，执拗地左右摇摆。与此相反，虽然树的自然（本性）允许它有更多的自由，树总是保持着单调的线条，它的枝杈胆怯地守在行列里，好像被绳索牵引着，见到这种树，画家会毫无兴趣地走开。

任何一种伟大的构图都需要使其各个部分受到限制而发挥整体的效果。如果对其各个部分的限制同时就是它的自由的结果，也就是说是由自身规定的这一界限，那么这种构图就是美的。美是由它自己征服本身的力量，是由自身的力所产生的限制。

如果一幅风景画的各个组成部分是相互作用的，各自确定了自己的界限，而整体是各个部分的自由的产物，那么这幅画的构图是美的。风景画中的一切都应该是与整体相关的，所有个别部分都应当显示出是处于它自身的规律之下，服从其自身的意志。但是，要达到整体的协调一致，在个体方面不作出牺牲是不可能的，由于自由而引起的冲突是不可避免的。山峰会给许多我们想要照亮的东西投上阴影，建筑物会限制自然的自由并阻碍人们的视线。树枝会成为累赘的邻居。人、动物、云朵想要运动，因为活物的自由只表现在行动中。河流的方向不听从堤岸的命令，而遵循它自己的规律。简而言之，每一个体都有它自己的意志。如果每一个事物只顾及到它自己，那么哪里还会有整体的和谐？由此恰好得出，每一事物由它的内在自由中规定了对其他事物的限制，以表现自己的自由。前景上的一棵树可能遮挡了背景上一片美的树林。这就迫使画家不能这样画，否则就触犯了画的自由而暴露出画家技巧的拙劣。在这种情况下，明智的艺术家会怎样做呢？他应该使遮挡背景的那棵树的枝条由自身的重量而下弯，从而自觉地为背景留下表现的场面。由此，通过树木仅仅遵循自身规律的方式，实现了艺术家的意志。

一篇诗作，如果每一诗句都是由其自身赋予了它的长短、运动和休止，每一韵脚都是由内在必然性产生，如同自然地呼唤出来，那么它就是美的。——简而言之，如果任何言语看来都不是由其他言语中取得，任何诗句都不是从别人的著作中抄袭来的，仅仅出于它自身而所有结果都是约定好的，那么它就是美的。

质朴的东西为什么是美的呢？因为在其中自然坚持着它的权利而反对矫揉造作和虚假伪装。如果维吉尔[1]想要使我们看到迪多的内心，要向我们表明，她的爱是多么深沉，那么他作为讲述人完全能以他自己的名义说出这些，但是这样的描写将是不美的，但如果他通过迪多自己来揭示这一点，就表现出她有真诚的意图（参见在第4卷开始时安娜与迪多的对话）。那么，我们认为它确实是美的，因为正是自然本身流露出这一奥秘。

如果我们从已知的东西引导出未知的东西，这种教授法是巧妙的。如果教授法是苏格拉底式的，即由听众的头脑和心中引出疑问而发现这一真理，那么这一教授法就是美的。前者对知性提出了它的论证在形式上的要求，后者由知性诱导出真理。

为什么蛇形（波状）曲线被认为是最美的？这是所有美

---

[1] 维吉尔（公元前70—前19年），古罗马诗人，其代表作为史诗《伊尼特》以及《牧歌集》、《农事诗集》——译者注。

学课题中最简单的问题，我在这个问题上特别检验了我的理论，我认为这样来检验之所以重要，是因为在这个简单的课题上不会由次要原因而产生误解。

鲍姆嘉登学派认为，蛇形曲线所以最美是因为它是感性完善的。这条曲线的方向是不断变化的（多样性），又不断返回到同一个方向（统一）。如果蛇形曲线只是由于这样的理由就是美的，那么下面的线条也应该是美的。这一线条肯定是不美的，在这里方向也是变化的，多样性即abcdefghi，这里也有知性加以思考的方向的统一，表现为直线k-l。这条线虽然是感性完善的，却不是美的。

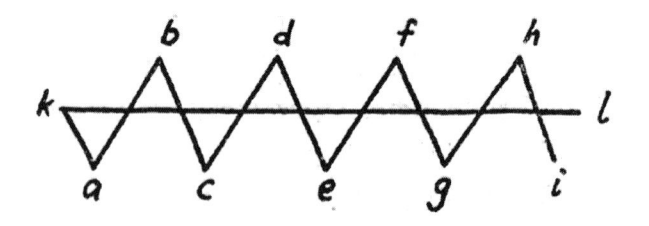

下面的线条是美的，如果我的笔更好一些，那就会更加如此。

这两者之间的区别在于，前者方向的变化是突然的，而后者的变化是不知不觉的。因此，它们对审美情感作用的不同，只能建立在它们的特性的这种唯一明显的区别上。但是，一个突然改变方向的线条与强制改变方向的线条有什么不同呢？自然不喜欢跃变，如果我们见到这种情况，那表明它是由暴力产生的。相反，只有我们不能标出任一方向变化固定点的运动才表现出自发性。这就是蛇形曲线的情况，它仅仅通过自身的自由与上述线条才区别开来。

我还可以列举大量的例证，来说明凡是我们称为美的，都仅仅是通过自身技巧中的自由来获得这一属性的，但是这里暂时就限于上述的验证。因为美不是固定在素材上的，而仅仅存在于理性之中，但是表现于感官面前的可能是技巧的或非技巧的，自由的或非自由的。那么由此得出，美的领域是非常广阔的，因为理性对感性和知性直接放在它面前的一切都可以而且必须询问自由。因此，审美趣味的王国是一个自由的王国——美的感性世界像道德世界一样，是最幸福的象征，在我之外的每一个美的自然物都是一个幸福的保证人，它向我呼吁：像我一样自由吧！

因此，在自由的自然景色中任何专横的人手的强制痕迹，在步态和身姿上任何舞蹈教师的强制，在习俗和举止上的矫揉造作，在与人交往上的执拗，在制度、习惯、法律中对自然（本性）自由的蔑视，都会引起我们的不快。

值得注意的是，如何由我的美的概念中引申出良好的举止（交往的美）。美的举止的第一个规律是保障别人的自由，第二个规律是表现出自己的自由。严格地实现这两点是非常困难的。良好的举止必不可少地要求这两点，只有这样才能成为完善的处世有方的人。我知道，要说明美的交往的理想，没有比由巧妙的舞姿和复杂的回旋所构成的英国舞蹈更恰当的图像了。由观众席上观众看到了无数极其复杂交错的动作，其走向活跃而充满变化，但是相互绝不会发生冲突。一切都如此井然有序，当另一个人到来的时候，这个人已经腾出了位置，所有的人都如此灵巧而自然地配合默契。每个人好像只服从他自己头脑的指挥，而却绝不妨碍别人。这是既坚持了自己的自由又保障了别人自由的最恰当的感性图像了。

我们通常称为固执的一切，无非是自由的对立面，它往往由知性的伟大甚至道德的伟大那里夺走了它们的审美价值。良好的举止即使对于最辉煌的贡献也不能原谅这种粗野，道德本身只有通过美才变得可爱。如果与人相称的感性在规律的强制下表现出人物或情节把强制硬加在观众的感性上面，这种人物和情节就不是美的。在这种情况下，它只会引起敬畏，而不会引起宠爱和倾心。单纯的敬畏有辱于感受它的人。因此，凯撒远比伽图使我们喜爱，赛蒙远比福基翁，托马斯·琼斯远比葛朗狄逊使我们喜爱。[1]因此这涉及单纯的情感性情节比单纯的道德性情节更使我们喜爱。因为它表现出自由意志性，因为它通过自然（情感）而不是通过违背自然兴趣的命令的理性来完成的。因此，温和的美德更比英雄的美德使我们喜爱，女性的性格更比男性的性格使我们喜爱。因为女性性格，即使是最完美的，也无非是由爱好来行动。

关于审美趣味及其对世界的影响，我将另外给你写一封信，那时可以进一步展开来谈这一切。我相信，今天的信你是会满意的。你现在有足够的材料来彻底检验我的观点，我急切地期待着你的看法。

祝好。

---

[1] 凯撒（公元前100—前44年），古罗马帝国执政官及统帅。伽图（公元前234—前149年），古罗马政治家，曾任风纪监督官。赛蒙（公元前510—前449年），古希腊雅典之统帅和政治家。——译者注

耶拿，1793年2月28日

## 艺术的美

艺术的美分为两种：

1. 选择或素材的美——自然美的模仿。

2. 表现或形式的美——自然的模仿。若没有后者也就不存在艺术家了。前者与后者的结合产生了伟大的艺术家。

形式或表现的美仅仅是艺术所特有的。康德正确地指出："自然的美是一个美的事物，艺术的美是一个事物的美的表现。"我们可以再加上一句，理想美是一个美的事物的美的表现。

在选择的美中我们可以看出，艺术家表现的是什么。在形式的美中（严格说来是艺术美）我们只能看出，艺术家如何表现。我们可以说，前者是美的自由表现，后者是真理的自由表现。

因为前者（选择的美）大多限于自然美的条件，而后者（形式的美）是艺术所特有的，所以我首先讨论后者，在我们谈到伟大的艺术家之前，我们首先要指出，一般说来是什么构成了艺术家。

自然的产物，如果它自由地表现在它的技巧性中，那么它就是美的。艺术的产物，如果它自由地表现一个自然的产物，那么它就是美的。

因此，表现的自由是我们这里所要涉及的概念。

当我们把识别一个对象的标志转化成概念并结合到知识的统一体中，我们是在描述一个对象。

当我们把这样结合起来的标志直接呈现在直观中时，我们是在表现一个对象。

直观能力是想象力，当我们把对象的表现直接置于想象力的面前，那么这个对象是被表现的。

事物是由自身规定或看起来如此，那么这个事物就是自由的。

当一个对象作为由自身规定的而呈现在想象力的面前，那么这个对象就是被自由表现的。

因为甚至连对象本身都是对其他事物的模仿，对象不是通过自身而是通过再现媒介表现出来的，那么对象如何在想象力面前呈现为由自身规定的呢？

即艺术的美不是自然本身，而只是在一种媒介中对自然的模仿，媒介与被模仿对象之间在素材上是完全不同的。模仿是不同素材的形式相似性。

对于建筑、技艺、园林、舞蹈等也不会存在异议，因为即使这些艺术也服从同一原则，虽然它们既不模仿自然产品，也不需要媒介，这在下面将变得更加明显。

对象的自然，在艺术中不是通过本身的性格或个性而是通过媒介表现出来的，因此这种媒介再次地：

a.具有它自己的个性和自然；

b.取决于可以同样看作是独特自然的艺术家。

因此，对象通过第三手呈现在想象力的面前。由于在其中不论是进行模仿的素材还是对素材进行加工的艺术家，都具有自己的自然（本性），并依照它们自己的本性行事。这里有三种自然在互相角逐：被表现对象的自然、表现素材的自然以及艺术家的自然，艺术家的自然应该使前两者协调一致起来。

我们在艺术作品上所预期见到的只是被模仿对象的自然，也就是说，它由自身规定而呈现在想象力的面前。只要不论是素材还是艺术家把它（他）们的自然混入到其中，那么被表现对象就不再是由自身规定的，而成为他律的了。只要再现媒介显示出自己的自然，那么被表现对象的自然就会受到危害。只有当被表现对象的自然不受再现媒介的自然干扰时，对象才称得上是被自由地表现的。

因此，必须显示出媒介或素材的自然完全为被模仿对象的自然所征服。只有被模仿对象的形式可以被转移到模仿媒介上。因为在艺术表现中，形式必须征服素材。

因此在艺术作品中，素材（模仿媒介的自然）必须消融在（被模仿对象的）形式中，物质必须消融在意念中，现实必须消融在形象显现中。

物质消融在意念中：因为被模仿对象的自然对于模仿素材不是什么物质的东西。被模仿对象的自然仅仅存在于模仿素材的意念中，所有素材上物质的东西仅仅属于素材本身，而不属于被模仿对象。

现实消融在形象显现中：现实在这里意味着实在，在一部艺术作品中永远只是素材，是与艺术家在素材中所贯注的形式的东西或意念相对立的。形式在一部艺术作品中只是形象显现，就如用大理石表现一个人，但实际上它仍然是大理石。

因此，当媒介的自然显示出为被模仿对象的自然完全消融，当被模仿对象在它的再现媒介中保持了自己的纯粹个性，当表现者完全放弃或排斥了自己的自然（本性）而表现出与再现媒介完全交融在一起，——简言之，当一切都不是由素材规定的而是由形式规定出来的，那么这种表现就是自由的表现。

如果一个雕像有一部分暴露出石头，也就是说不是以意念而是以素材的自然为基础，那么美就受到损害，因为这里表现出他律。大理石的自然（本性）是硬脆的，它必须完全消融在柔韧的肉体的自然（本性）中，使人不论用触觉还是视觉都不再感到大理石的自然（本性）。

如果在线描中有一部分仍可看出钢笔或铅笔、纸或铜版、画笔或用笔的手的痕迹，那么这种线描就给人以僵硬而笨拙的感觉。如果在画中看出了艺术家特有的审美趣味和艺术家的自然（本性），那么这幅画就会使人感到矫揉造作。如果在铜版画中筋肉的活动性受到金属的坚硬和艺术家的手的笨拙的损害，那么它的表现就是丑的，因为它不是由意念而是由媒介规定的。如果被表现对象的特性受到艺术家精神特性的损害，那么我们说这种表现是矫揉造作的。

矫揉造作的反面是风格，它是摆脱了一切主观的和一切客观的偶然规定的最高独立性。

表现的纯粹客观性是优良风格的本质，是艺术的最高原则。

"风格与矫揉造作的关系正如由形式原则出发的行为

方式与由经验准则（即主观的原则）出发的行为方式之间的关系。风格是由偶然的东西完全提高到普遍的和必然的东西。"（但是，对风格的这种解释也已经包含了选择的美，这一点现在还没有谈到）。

我们可以说：伟大的艺术家为我们表现对象（他的表现具有纯粹的客观性），平凡的艺术家表现他自己（他的表现具有主观性），拙劣的艺术家表现他的素材（他的表现是由媒介的自然和艺术家的局限性所规定）。

所有这三种情况都可以在一个演员身上明显地看到。

1.当艾克霍夫或施略德扮演哈姆雷特时，他们的个性与他们的角色的关系，就如同素材与形式的关系、物质与意念的关系以及现实与形象显现的关系。艾克霍夫就如同大理石，他的天才从这块大理石中刻划出了一个哈姆雷特，因为他（演员）的个性要完全服从哈姆雷特的艺术个性，因为要使人注意的只是形式（哈姆雷特的性格）而不是素材（演员的实际个性）——因为由他所表演出来的仅仅是形式（仅仅是哈姆雷特），那么我们才能说他的表演是美的。他的表演具有一种伟大的风格，因为首先这种表演是完全客观的而不掺杂任何主观的东西。其次，因为这种表演是客观必然的而不是偶然的（关于这个问题有其他机会时再谈）。

2.当阿尔布列希特夫人扮演欧菲利娅时，我们虽然看不到素材的自然（即女演员的个性），但是也看不到被表现对象的纯粹自然（本性）（即欧菲利娅的个性），而是女演员的一种随意的观念。她按照一种主观的基本原则——准则——行事，表现出痛苦、颓唐和高雅的仪表，而不去考虑这一表演是否与客观性相符。她的表演显示出矫揉造作，而不是显示出风格。

3.当布吕克扮演国王时[1]，我们看到媒介的自然（本性）支配了形式（国王的角色），因此演员在各种动作中都给人以厌恶和拙劣的感觉。我们一眼就看出了这一缺点的不良影响，因为艺术家（这里是指演员的理智）没有看出，素材（演员的身体）要按照意念来塑造。因此，这种表演是不好的，它同时暴露出素材的自然（本性）和艺术家的主观局限性。

在绘画等造型艺术中，如果媒介的自然（本性）没有被完全克服，那么被表现对象的自然（本性）会受到多大的损害是显而易见的。但是，将这一原则用于诗的表现，

---

[1] 指扮演《唐·卡罗斯》中的菲利普二世。——日译本注

也要完全由此推导出来。我将试图给你提供一个概念。

即使在这里也还完全谈不到选择的美，而只是表现的美。因此，假设诗人在自己的想象力中所把握的对象的全部客观性是真实、纯粹和完全的——对象在他心灵面前已经是观念化了的（也就是说转化成了纯粹的形式），这就涉及在自身之外来表现。为此，要求心灵的对象不受到媒介本质的他律的损害。

诗人的媒介是语言，是种和类的而不是个人的抽象符号。它的关系是由语法体系规定的。在事物与语言之间没有物质的相似性（同一性），这不会造成什么困难。因为在雕像与人之间也没有什么相似性，而雕像是表现人的。但是在语言与事物之间单纯的形式相似性（模仿）不是那样容易的，事物与它的语言表现是纯粹偶然随意的（除极少数情况例外），只是约定俗成地相互结合起来。这一点不是很重要的，因为它不涉及到语言本身是什么，而涉及它唤起了哪些表象。如果只用语言或词句来为我们表现事物的个体特性或个体的事态，简而言之，表现各种事物的客观独特性，那么它就取决于是否来自习惯或内在必然性。

但是，语言和词句不是这样。就语言而论，不仅它的变化和结合规律是完全普遍化的事物，它不是标识某一个体，而是标识无数的个体；而且更为困难的是按照以下规则表现各种事态，这些规则同时可以用于无数的完全不同的情况，只有通过知性的特殊运用才适于表现个别的事态。这样被表现的对象在呈现于想象力面前并转化为直观之前，就得先通过概念的抽象领域而走很长的一段弯路，因此大大丧失了它的生命力（感性力量）。诗人要表现特殊的事物只有通过对普遍事物进行艺术的概括，除此之外别无它法。"刚才还立在我面前的烛台倒下来了"就是这样一种个别的情况，通过纯粹普遍的符号的结合而表达出来。

诗人使用的媒介的自然（本性）存在于趋于普遍的倾向中，因此是与个体的表现（这是我们的课题）相矛盾的。语言把一切呈现在知性的面前，诗人应该把一切表现在想象力的面前。诗歌艺术是直观的，而语言只给出概念。

语言从它所表现的对象那里剥夺了对象的感性和个性，而强加给对象一种外在于它的特性（普遍性）。语言在被表现对象的感性自然（本性）中——按照我自己的术语——混入了表现媒介的抽象的自然（本性），在对象的表现中引入了他律。对象对于想象力不再表现为由自身规定的即不再是自由的了，而是由语言的创造力塑造的，或者对象仅仅被呈现于知性面前，它或者不是被自由地表现或者完全不是被表现，而只是被描述。

因此，如果诗歌表现应该是自由的，那么诗人必须"通过他的艺术的伟大来克服语言的普遍化倾向，并使形式（即形式的应用）克服素材（语言及其变化构成规律）"。语言的自然（本性，正是这种本性导致普遍化倾向）必须在给予它的形式中完全消除掉，物质必须消融在意念中，符号必须消融在被描述对象中，现实必须消融在形象显现中。被表现对象必须由表现媒介自由地、成功地表现出来，从而摆脱语言的一切束缚，以其全部真实性、生命力和个性自立于想象力的面前。总之，诗歌表现的美是"在语言的束缚中自然（本性）的自由自主的行动"。

# 再版后记

早在20世纪80年代初，我在中国社会科学院哲学所从事美学研究时，发现《美育书简》这样的名著有英译本和日译本，但是却没有中译本，于是我便决心要把它翻译过来。这一初译本1984年由中国文联出版公司出版。后来我为解决家庭两地分居问题，主动调至天津社科院。2002年受中国社科院副院长汝信先生之约写了《美育书简导读》，纳入了《西方学术名著导读丛书》，由四川教育出版社出版。2009年应云南教育出版社之邀，我写了《大家精要——席勒》，对其生平和著作做了评论。2016年为深化对书简的阅读，我推出了中德双语阐释本的《美育书简》，